応援ありがとう
ございます。

村田雅志

2015.8.11

名門外資系アナリストが
実践している
為替のルール

村田雅志
Masashi Murata

東洋経済新報社

目次

序章　為替で儲けるために一番大切なこと

❶ プロよりも素人のほうが儲かった!? ……………………………………… 10
❷ 為替レートはなぜ動くのか？ …………………………………………… 11
❸ 需給動向を軸に多くの情報を整理する ………………………………… 14
❹ 本書の特長 ………………………………………………………………… 15

第1章　外国為替市場をのぞいてみよう

❶　そもそも為替って何だろう？ ································ 18

❷　「どれくらいの割合で通貨を交換するか」が為替レート ····· 20

❸　為替の読み方は「ドル円」「円ドル」のどちら？ ··········· 21

❹　為替レートには「買値」と「売値」の2つがある ············ 23

❺　円安・円高はモノの値段のように考える ················ 27

❻　為替の変化と私たちの生活の関係 ···················· 30

❼　外国為替市場の主役は誰？ ·························· 33

❽　外国為替市場は24時間眠らない!? ···················· 36

❾　為替レートにはクセがある？ ························ 38

❿　為替市場を動かす市場参加者 ························ 42

第2章　為替はなぜ動くのだろう？

❶　価格の大原則は「需要と供給」の関係 ·················· 46

❷　通貨の需要を決める4つの項目 ······················ 49

第3章 通貨の需要を生み出す「実需」について知っておこう

1. 実需とは経済活動で生まれる通貨の需要 ……… 60
2. 貿易をすると通貨の需要が変わる ……… 61
3. 海外の利子・配当も為替を動かす ……… 64
4. 海外の企業が進出する国の通貨は高くなる ……… 68
5. 外貨投資が盛んな国の通貨は安くなってしまう ……… 72
6. 国際収支統計で実需の動きをチェックしよう！ ……… 76
7. 国際収支統計の見方① 〜貿易収支のチェックポイント ……… 79
8. 国際収支統計の見方② 〜サービス収支のチェックポイント ……… 81
9. 国際収支統計の見方③ 〜第一次所得収支のチェックポイント ……… 82
10. 国際収支統計の見方④ 〜直接投資と間接投資のチェックポイント ……… 84

第4章　実需期待で投機するって、どういうこと？

① 実需の先行きを読むのに必要なことは？ ………………………………… 88

② 景気が良くなると実需はどうなる？ …………………………………… 90

③ 景気を確認する経済指標を見てみよう …………………………………… 92

④ 物価が上がると円安になる？　円高になる？ ………………………… 99

⑤ 物価を確認する経済指標を見てみよう ………………………………… 103

⑥ 金利が変わると実需も変わる …………………………………………… 105

第5章　為替には政府・中銀の意向も反映される

① 国にとって望ましい為替レートはあるか？ …………………………… 108

② 金融政策が為替に与える影響 …………………………………………… 109

③ 景気対策が為替に与える影響 …………………………………………… 115

④ 政府や中銀が為替市場に介入する !? …………………………………… 118

⑤ 為替市場介入には3つのパターンがある ……………………………… 120

⑥ 介入が成功するには条件が必要 ………………………………………… 122

⑦ 介入したかどうかを確認する方法がある！ ………………………… 125

第6章 テクニカルで投機するって、どういうこと？

❶ 過去の値動きに注目するテクニカル ……………………………… 130

❷ チャートは過去の分析と今後のヒントを得るもの ……………… 132

❸ ローソク足は一目で値動きがわかる優れもの …………………… 134

❹ まずはトレンドで為替レートの方向を確認する ………………… 137

❺ サポートとレジスタンスでトレンドの行方を考える …………… 139

❻ テクニカルにはトレンド系とオシレータ系の2つがある ……… 140

❼ トレンド系の代表は移動平均線 …………………………………… 142

❽ オシレータ系の代表はRSI ………………………………………… 146

第7章 為替レートを予想する秘訣をおさえよう！

❶ 結局どの項目が一番重要なのだろう？ ………………………… 150

❷ 為替レートは「テーマ」で動く …………………………………… 151

❸ 通貨ごとの動きを考えよう ……………………………………… 155

❹ 為替の先行きには「時間軸」視点も大切 ………………………… 160

❺ 人生にも為替にも必ず「山」「谷」がある ……………………… 164

❻ ストラテジストの予想って本当に当たるの？ ………………… 168

第8章 各国の通貨の見方を知っておこう

❶ 米ドルの特徴を知っておこう ……………………………………………… 176

❷ 米ドルの値動きを知っておこう ……………………………………………… 178

❸ 日本円の特徴と値動きを知っておこう ………………………………… 180

❹ ユーロの特徴と値動きを知っておこう ………………………………… 184

❺ 英ポンドの特徴と値動きを知っておこう ……………………………… 188

❻ 豪ドルの特徴と値動きを知っておこう ………………………………… 193

付録 経済指標って何だろう？

❶ 経済指標の基本を知っておこう ………………………………………… 198

❷ 経済指標をみるための4つの知識 ……………………………………… 200

おわりに ………………………………………………………………………………… 206

本書の内容および意見は、すべて筆者個人に属し、筆者が所属する組織や特定の団体・グループの公式見解を示すものではない。仮に記載された内容に誤りがあれば、その責めは筆者個人が負うべきものである。

序章

為替で儲けるために一番大切なこと

プロよりも素人のほうが儲かった!?

　外国為替証拠金取引（FX）などの為替取引で利益を得ようとしている人にとって、為替の先行き（将来）を考えることは避けて通れません。2012年終わりから2013年にかけて続いた円の下落（円安）局面を思い出してみましょう。この時、1ドル86円台前半から105円台前半まで20円近い円安となり、いわゆるアベノミクス相場が展開されました。

　アベノミクス相場と言われ、金融緩和に伴う円安が予想されたのだから「円を売っておけば誰でも儲かった」と言う人もいます。

　しかし、アベノミクスという言葉がよく知られていたにもかかわらず、円を売るという判断ができた投資家がどれだけいたでしょうか？

　それより前、円高が長く続いた時代をよく知っていた人ほど、「円売りの動きは長く続かない」という考えを捨てられませんでした。その結果、せっかくドルなどの外貨を持っていたとしても、過去の円高で生じていた含み損が解消されたところで、外貨を売り円を買い戻してしまった人が少なくなかったのです。

　一方、これからも当分、円安相場が続くとの見通しを持っていた人は、日々の多少の変動にも動じず、円を売り続けることができました。ただし、為替市場のプロの間でも、そうした人は少数だったといわれています。

　結局、プロ・アマを問わず、この相場で1ドル当たり20円近い値幅を得た（利益を得た）のは、実は為替相場をほとんど知らない

素人だけだった、という指摘もあります。この指摘は誇張されてはいますが、真実の一端を表しているようにも思えます。

　為替についてある程度の知識があり、相場動向をこまめに確認する人ほど、ちょっとした値動きが気になるものです。そのため少しでも利益が出ると、待ちきれなくなってつい取引を終わらせ、利益を確定しようとしてしまうのです。

　それに対して、為替の知識がなく、円売り相場を素直に見ていた人ほど、結果として大きな値幅を得たといえます。

　しかし、「むしろ知らないほうがいい」と、まったく為替の知識なしで相場に挑むのは、運を天に任せているのと同じです。そうではなく、長い目で見た自分なりの見通しを持っていれば、目先の動きに惑わされず、最終的に利益を得ることができるのです。

為替レートはなぜ動くのか？

　投資家が為替の予想に自信が持てないのは、為替レートが動く理由、という、そもそものところをきちんと理解していないためではないか。私は、外国為替市場に関する仕事をしていて、時々そう感じます。

　熱心なFX投資家の中には、為替に関する情報を常にチェックしている人もいるようです。ただ、そうした人ほど目先の情報に惑わされ、為替レートがなぜ動いたのかという基本的な視点を忘れてしまうようです。

　なぜ為替レートは動くのでしょうか。本書で後ほど詳しく説明し

ますが、それはズバリ「為替市場の需給動向が刻々と変わるから」です。

　為替市場の需給動向とは、需要と供給、たとえば円やドルを買おうとする人（需要する側）と売ろうとする人（供給する側）の動きをいいます。

　持っているドルを売って円を買いたいという需要が高まれば、円は高くなる一方で、ドルは安くなります。逆に、持っている円を売ってドルを買いたいという需要が高まれば、円安・ドル高になります。円とユーロ、ドルとユーロなど、他の通貨の間でも同じことです。

　具体的に為替レートが大きく動いた例をもう１つ挙げて、需給動向を見ることの大切さをお話ししましょう。

　2015年1月15日、スイスフランはドルに対して、1ドル1.02スイスフランから数分で0.72スイスフランへと、30％近く上昇しました。

　30％というのはめったにない急上昇です。ドル円でいえば、1ドル120円だったものが数分で84円への円高になるのと同じです。

スイスフラン急騰後の動きは予想できた！

（注）終値

序章
為替で儲けるために一番大切なこと

　スイスフランが大きく上昇した理由はどのようなものだったのでしょうか。

　スイス国立銀行（スイスの中央銀行、以下スイス中銀）は、他の通貨に対するスイスフランの上昇を抑えるために 2011 年 9 月から 3 年以上、スイスフランを無制限に売る市場介入を続けてきました。ところが、この日突然、その市場介入を終了すると発表したのです。

　3 年以上も続いていたスイスフラン売りの取引が急になくなるわけですから、スイスフランの需給動向は激変します。スイス中銀がスイスフラン売りを続けると信じてそれに追随するような運用をしてきた投資家は、方向転換を迫られ、あわててスイスフランを買い始めました。**売る動きがなくなる一方で、買う動きが強まるのですから、スイスフランの需要は急激に高まり、スイスフランは大きく上がります。**

「だからといって、スイス中銀がスイスフラン売りをやめることを事前に知るのは不可能だ」と思う読者もいるでしょう。正直いって、私もこのスイス中銀の行動を予想できませんでした。おそらく私以外の市場関係者も、ほぼ例外なくそうだったと思います（だからこそ、これだけ大きくスイスフランが動いたとも言えます）。

　しかし、ここで大事なことは、スイス中銀の行動をどうやって予想するかではなく、その後のスイスフランの動きに注目することです。

　急上昇した後のスイスフランの動きを図でご覧ください。1 月 15 日の急騰から 2 カ月経った頃には、急上昇する前の 1 ドル 1 スイスフラン前後の水準にかなり近づいたことがわかります。

　じつは、この動きは需給動向に注目していれば、ある程度予想できたことでした。

スイス中銀が無制限のスイスフラン売りをやめると発表したことは、新聞でも大きな見出しで報じられました。しかし、スイス中銀はこの時、今後もスイスフラン売りの市場介入を続ける可能性があること、政策金利をそれまでのマイナス0.25％からマイナス0.75％に引き下げる（マイナス幅を拡大させる）ことも表明していました。需給動向の観点からは、こうした情報にも目をつけるべきだったのです。

　政策金利の引き下げは、スイスフラン買いを抑制します。つまりスイス中銀は、依然としてスイスフランが上がらないように努力する姿勢を見せたわけです。一方、ドルについては、米国が利上げをするとの見方から、今後も買われやすいという予想が強まっていました。

　スイスフランが1月半ばに急騰した時点で需給動向を冷静に考えれば、スイスフランは急騰の反動でその後は売られやすく、ドルは買われやすいという見通しが成り立ちます。つまり「その後はスイスフラン安・ドル高の方向に動く」と予想できるのです。

3 需給動向を軸に多くの情報を整理する

　「需給動向が大事だ」ということはわかったとしても、世の中に為替に関する情報があまりにもあふれているため、「本当にそれだけでいいのか？」という気持ちを抑えられない人もいるでしょう。

　実際、新聞、雑誌、ネットには、為替レートが動いた理由がたくさん書かれています。国際政治情勢や各国の経済指標が取り上げら

れることもあるでしょう。過去の為替レートの推移を示すグラフもよく見かけます。

　経済分析を仕事としているエコノミストや、金融機関で外国為替の売買を実際にやっている担当者などが、円やドルの見通しについて自分の考えを紹介することもあります。

　ただ、こうした人々の見方はそれぞれで、ある人が「上がる」という一方で、別の人は「下がる」と予想していることもよくあることです。こうした情報を次々に読んだり、聞いたりしていると、そのうち頭が混乱してくるのも当然です。

　それらの情報が全部いらないもの、無意味なものなのか、と聞かれれば、「そうではない」というのが答えです。問題はその捉え方で、読者の皆さんにはぜひ**「為替の需給動向を軸にして、情報を整理する」**という考え方を実践していただきたいと思います。

　為替に関するさまざまな情報は、ある通貨の需給動向を直接左右したり、あるいはそれらの情報同士が影響し合いながら需給動向を変化させ、最終的に為替レートを動かします。**それらの情報が需給をどう変化させるか、その視点を忘れずにニュースに接してほしい**と思います。これが為替取引で利益を得るために一番大切なことです。

4 本書の特長

　本書は、為替に関する知識がほとんどない人でも、為替の仕組みを知り、自分なりの予想を立てられるようになることを目指して書

かれています。

　第1章では、為替の仕組みや為替市場の知識について、言葉の意味や呼び方から紹介し、専門用語を知らない人にもわかりやすく説明しました。

　第2章では、為替レートが動く理由を説明しています。価格を動かす要因である需要と供給の関係、需要には実需と投機という2つの側面があることなどを学びます。

　第3章から第6章では、需要側の動きをさらに詳しくみていきます。「実需」を第3章で解説し、「投機」に関連して「実需期待」（第4章）、「政府・中銀」の動き（第5章）、「テクニカル」（第6章）について述べます。各章タイトルに挙げた項目がどのような仕組みで為替レートを動かすのか、為替市場のダイナミックな動きをつかんでいただきたいと思います。

　第7章では、日々、為替市場をウォッチしている私の経験をもとに、為替レートを予想する秘訣をお教えします。

　最後に第8章では米ドル、日本円、ユーロ、英ポンド、豪ドルという、為替市場で大きなシェアを持つ5つの通貨の特徴を解説します。

　本書で紹介した為替予想の考え方は、私が仕事として為替市場を分析・予想する時に使っている手法と同じです。資産運用をコツコツと続けていきたい個人投資家、大胆に投資をしてみたいFX投資家、為替市場の知識が必要なビジネスパーソンなどには、ぜひ実践していただきたいと思います。

第1章

外国為替市場を
のぞいて
みよう

me	Flight	Destination	Gate
:00	OD 1980	DELHI	G28
:15	PN0034	MUMBAI	G16
:20	T30126	BANGALORE	A02
:30	JL 1643	CHICAGO	F13
:35	NZ 4365	AUCKLAND	G28
:45	AA 6566	NEW YORK	E20
:00	OD 2330	DELHI	G28
:10	JL 78	HONOLULU	C13
:20	PN0034	BEIJING	G26
:30	MX1122	KUALA LUMPUR	H12
:35	CH 143	HONG KONG	F21

① そもそも為替って何だろう？

▶ 手軽にお金を支払うための仕組み

〝為替〟という言葉は、普段の生活でも耳にする機会がありますが、そのわりに、為替という言葉の意味を正確に知っている人は少ないようです。

　為替の本来の意味は、「現金を使わずにお金を支払ったり、受け取ったりすること」です。たとえば、電気料金や水道料金は、銀行から決められた日に引き落とされます。これも為替の1つです。

　為替という仕組みが作られたのは、支払いのたびに、現金を持ち運ぶのが大変なためです。

　1カ月分の電気料金や水道料金くらいでしたら、手間の問題さえなければ現金で直接支払っても特に問題はないかもしれません。

　しかしクルマや海外旅行など非常に高いモノやサービスを買う時には、数十万円から数百万円ものお金が必要です。

　こんなに大きい現金を財布に入れることは無理ですし、封筒に入れて大金を持ち運ぶと、落としたり盗まれたりする心配も出てきます。会社の支払いなどで数千万円以上のお金が必要となると、現金では持ち運ぶことすら難しくなります。

　こうした時に為替を使えば、現金を使わずに支払いができますし、落としたり、盗まれたりするといったことも防ぐことができます。

第 1 章
外国為替市場をのぞいてみよう

▶ 外国への支払いでは通貨を換える必要がある

　為替には同じ国の中でお金をやり取りする内国為替と、他の国との間でお金をやり取りする外国為替の２つがあります。内国為替も外国為替も、お金のやり取りで銀行を使います。

　お金を支払う側は、自分が使っているＡ銀行に支払うお金を預け入れ、お金を受け取る側が使っているＢ銀行への送金を依頼します。

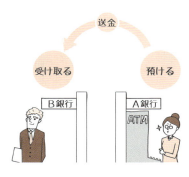

　依頼を受けたＡ銀行は、Ｂ銀行にお金を送金し、Ｂ銀行はお金を受け取る側の口座に送金されたお金を入れることで為替取引が完了します。

　外国為替が内国為替と違うのは、お金を支払う側の国と、お金を受け取る側の国が違うことです。国が違うと使っているお金の種類（通貨）も違いますので、外国為替では通貨を換える作業が必要となります。

　最近では、クレジットカードで支払うことが広まってきたこともあって、普通の人々が内国為替を意識することが少なくなってきました。また、グローバル化が進んでいることもあって、通貨を換えることが珍しいことではなくなってきました。

　こうしたことから、今では、日本に住んでいる人々にとって、「為替」という言葉は、外国為替、特に通貨を換えるという意味で使われることが多くなってきたように思われます。

　そこで、**この本でも、為替という言葉を、２つの通貨を換えることを意味するものとして使うことにします。**

「どれくらいの割合で通貨を交換するか」が為替レート

▶ 世界にはさまざまな通貨がある

　世界には、日本、米国、中国、ユーロ圏、英国など数多くの国・地域があります。そして買い物などで使われるお金（通貨）も、日本では円、米国ではドル、といったように国・地域によって違います。

　国・地域によってお金が違うため、外国に行って買い物をする時

国・地域と通貨の一覧表

国・地域名	通貨名	通貨の略称	国・地域名	通貨名	通貨の略称
日本	日本円	JPY	タイ	タイ・バーツ	THB
米国	米ドル(ドル)	USD	マレーシア	マレーシア・リンギット	MYR
ユーロ圏	ユーロ	EUR	フィリピン	フィリピン・ペソ	PHP
英国	英ポンド(ポンド)	GBP	インド	インド・ルピー	INR
オーストラリア(豪州)	豪ドル	AUD	インドネシア	インドネシア・ルピア	IDR
ニュージーランド	ニュージーランド・ドル	NZD	ブラジル	ブラジル・レアル	BRL
カナダ	カナダ・ドル	CAD	メキシコ	メキシコ・ペソ	MXN
スイス	スイス・フラン	CHF	チリ	チリ・ペソ	CLP
スウェーデン	スウェーデン・クローナ	SEK	ペルー	ペルー新ソル	PEN
ノルウェー	ノルウェー・クローネ	NOK	コロンビア	コロンビア・ペソ	COP
デンマーク	デンマーク・クローネ	DKK	南アフリカ	南アフリカ・ランド	ZAR
中国	人民元(元)	CNY	ロシア	ロシア・ルーブル	RUB
香港	香港ドル	HKD	トルコ	トルコ・リラ	TRY
韓国	韓国ウォン	KRW	ポーランド	ポーランド・ズロチ	PLN
台湾	台湾ドル	TWD	ハンガリー	ハンガリー・フォリント	HUF
シンガポール	シンガポール・ドル	SGD	チェコ	チェコ・コルナ	CZK

第 1 章
外国為替市場をのぞいてみよう

には、自分の国のお金を、その国で使われているお金に換える必要があります。

外国とモノやサービスを取引する貿易や、外国の株や不動産といった資産を買うためにも、自分の国のお金を、その国で使われているお金に換える必要があります。

自分の国のお金を、外国で使われているお金に換えるには、2つのお金をどれくらいの割合（比率）で交換するかを決める必要があります。この交換割合を表したのが為替レートです。

日本では、ドルと円の交換割合を示すドル円（レート）が有名です。

 ## 為替の読み方は「ドル円」「円ドル」のどちら？

▶ 為替レートの名前の順番には意味がある

為替レートは、「2つ」の通貨の交換割合を示すものです。そのため、必ず「2つ」の通貨の名前が付いています。

たとえば、ドルと円の交換割合を示す為替レートは、ドル円（ドルと円）と言います。ユーロと円の交換割合を示す為替レートは、ユーロ円（ユーロと円）と言います。2つの通貨の名前が付いていることから、為替レートを通貨ペアと呼ぶこともあります。

為替レートは、2つの通貨の交換割合を示すものですから、2つの通貨のうち、どちらを先（1番目）にしても良いような気がします。ドルと円の交換割合を示す為替レートは、「ドル円」でも「円ドル」でもどちらでも良い、と思われるかもしれません。

しかし、じつは、**為替レートが示す2つの通貨の名前の順番には意味があります。**

為替レートには、はじめ（1番目）に示される通貨と、その次（2番目）に示される通貨の2つがあります。たとえばドル円の場合、ドルが1番目、円が2番目となります。

為替レートが示す数値は、1番目の通貨を「1個」渡した時に、2番目の通貨をどれくらい受け取れるかを意味しています。

「ドル円＝120」というのは、1番目の通貨であるドルが「1個」、つまり1ドルが、2番目の通貨である円で120円と交換される、ことを意味します。

POINT

ドル円＝120とは、1ドル＝120円という意味

為替市場では、古くからの習わし（慣行）として、1番目に示される通貨の優先順位が決められています。

主要通貨のうち、最も優先順位が高いのはユーロです。その次は英ポンド、そして豪ドル、ニュージーランド・ドル、米ドルと続き、その次が日本の通貨である日本円となります。

為替レートで1番目に示される通貨の優先順位
（上の通貨ほど優先順位が高い）

1位	ユーロ
2位	英ポンド
3位	豪ドル
4位	ニュージーランド・ドル
5位	米ドル
6位	日本円

第 1 章
外国為替市場をのぞいてみよう

▶ 順番は通貨の桁の大きさ、小ささで決められる

　この慣行に基づくと、ユーロとドルの為替レートは、ドルユーロではなく、ユーロドルとなります。英ポンドとドルの為替レートは、同じようにポンドドルとなり、米ドルはいずれも2番目となります。

　なお、**円とドルの為替レートは、ドルの方が優先順位が高いためドル円であり、円ドルとはなりません。**

　日本に住む人の中には、日本円がいつも2番目になってしまうのを悲しく思う人もいるかもしれません。ただ、この慣行は日本の国際的地位が低いためではなく、**「日本で使われている円の桁数が、ほとんどの通貨よりも大きい」**ためです。

　桁が大きい通貨を1番目にすると、為替レートは必ず1を下回り、小数点以下だけとなってしまいます。ドル円＝120、を円ドルで示すと、0.0083333（＝1÷120）と、わかりにくくなってしまうのです。

　現に、韓国ウォンのように円よりもさらに桁が大きい通貨の場合、円と韓国ウォンの為替レートは、ウォン円ではなく、円ウォンで示されます。

為替レートには「買値」と「売値」の2つがある

▶ 通貨を「売る」「買う」

　2つの通貨を交換する取引（為替取引）では、なんらかの通貨を

受け取る場合、必ず別のもう1つの通貨を渡すことになります。**このやり取りを為替市場では「売買」と言います。通貨を受け取ることが「買う」、もう1つの通貨を渡すことが「売る」です。**

為替取引での売買を考えているうちに頭が混乱する人は、2つの通貨のうち、どちらか1つに神経を集中させてください。つまり、通貨を「買う」のか「売る」のか、どちらかだけを考えるとすっきりします。

Aという通貨を「買う」場合は、もう一方のBという通貨は「売る」になります。反対に、A通貨を「売る」場合は、B通貨は「買う」ことになります。必ず反対になっているので、どちらか片方の通貨に集中していれば、もう1つの通貨のことも自ずとわかってきます。考える必要がありません。

❯ テレビ報道は間違っている⁉

為替市場では、通貨を買う時の値段（買値）と、売る時の値段（売値）が同時に示されます。買値のことはビッド（BID）、売値のことはオファー（OFFER）と呼ばれることもあります。

たとえば、

ドル円：120円10 − 15銭

と示されている時は、ドルの買値として120円10銭、ドルの売値として120円15銭が示されていることを意味します。

これは、「120円10銭ならドルを買いたい人がいるので、ドルを120円10銭ですぐに売ることができる」「120円15銭ならドルを売りたい人がいるので、ドルを120円15銭ですぐに買うこと

第 1 章
外国為替市場をのぞいてみよう

ができる」という意味でもあります。

　テレビのニュースでは、画面で「ドル円：120 円 10 - 15 銭」と示され、キャスターが「現在の円相場は 1 ドルに対し 120 円 10 銭から 15 銭で取引されています」と説明することがあります。

　厳密には、この説明は間違いです。正しくは、「ドルを売る時は 120 円 10 銭で売れますし、ドルを買う時は 120 円 15 銭で買えます」と話すべきです。キャスターは「10 銭から 15 銭」と話しているかもしれませんが、10 銭から 15 銭の間に値段はありません。

銀行取引画面をのぞいてみよう

　ドル円が 120 円 40 - 45 銭の時、銀行のディーリング・ルーム（為替取引をする部屋、第 1 章⑩参照）で使われている取引システムの画面には、次のように表示されています。

　左上には、通貨ペアを示す記号である通貨コードが示されています。USD／JPY はドル円を意味します。左に買値（BID）が示され、右に売値（OFFER）が示されます。

　為替レートのうち、小数点より上の部分は「大台」（ビッグ・フィギュア）と言います。為替レートは小刻みに動くため、たとえば 120 円 40 銭であれば、大台に当たる 120 円の部分がすぐに変わ

ることはありません。そのため、120円の部分は小さく表示され、よく動く40銭の部分は大きく表示されます。売値も同じように、120円の部分が小さく表示され、よく動く45銭の部分は大きく表示されます。

　ちなみに例として挙げた取引ルートを銀行のディーリング・ルームなどで読むときは、「ヒャクニジュウエン・ヨンジッセン」「ヒャクニジュウエン・ヨンジュウゴセン」とは言いません。「ヨンマル・ヨンゴー」と、ゼロを「マル」と言い、大台の部分を省略します。大台の部分は動かないので、それをあえて言う必要はなく、聞き間違いを避けるためにも言わないのです。

　仮に121円00－05銭の場合は「フィギュア・マルゴ」と言います。この「フィギュア」は121円ちょうどで、末尾（銭）の部分が00であることを意味します。

　買値の左側と売値の右側に表示されている数値は、示された水準での注文の数です。インターバンク（銀行間）では取引の基本単位は100万ドルです。図の例の場合、「120円40銭で800万ドル分の買い注文があり、120円45銭で500万ドル分の売り注文がある」ことを意味します。

　なお日本の機関投資家の間では、基本単位である100万ドルのことを1本と言います。図の場合、8本の買い注文と5本の売り注文があることになります。

　銀行のディーリング・ルームで示されている買値は、数ある買い注文の中

でも最も高い数値であり、売値は数ある売り注文の中でも最も低い数値を意味します。

　誰しも、買う場合にはできるだけ安く買いたいですし、売る場合にはできるだけ高く売りたいものです。すぐに売りたい人からすると、示されている買値は最も良い条件と言うことができ、すぐに買いたい人からすると、示された売値は最も良い条件です。このため示された買値は英語でベストビットと呼ばれ、売値はベストオファーとも呼ばれます。

円安・円高はモノの値段のように考える

▶「他の国に比べてどうか」で判断しよう

　テレビや新聞などで目や耳にする「円安」や「円高」という言葉がよくわからないという人もいるでしょう。
「アベノミクスによって1ドル80円だったのが120円の円安になった」と聞くと、数字が増えたのだから「円高」なのでは？　と思いたくなるかもしれません。しかし、これは間違いです。

　円安は、その名の通り、円が他の国のお金（外貨）に比べて安くなることを意味します。これは円の価値が外貨に対して下がる、という意味でもあります。

　逆に、**円高は円が外貨に比べ高くなる、言い換えると、円の価値が外貨に対して上がることを意味します。**

POINT

円安	=	円が外貨に比べ**安く**なる	=	円の価値が外貨に対して**下がる**
円高	=	円が外貨に比べ**高く**なる	=	円の価値が外貨に対して**上がる**

円高・円安は「円の価値」を表している

では、「円の価値」とは何でしょう。円は買い物をする時に使うものです。

外貨でみて同じ金額の買い物でも、円では以前より多くの金額を支払わなければならなくなったのであれば、円の価値は下がった、つまり円安になったことになります。

反対に、外貨でみて同じ金額の買い物でも、円では以前より少ない金額で買い物ができるようになれば、円の価値は上がった、つまり円高になったと言えます。

1ドル80円だったのが120円になった場合を考えます。この場合、以前は80円で1ドルの買い物ができたのに、今では80円では1ドルに足らず、120円を払わなければ1ドルの買い物ができないことになります。

外貨（この場合はドル）でみた場合は同じ（1ドル）なのに、円で支払う場合、以前（1ドル80円の時）より多くの金額（120円）を支払わなければいけなくなってしまったわけですから、円安になったことになります。

円高や円安の関係は、少し時間をおいて落ち着いて考えれば理解できるものですが、それでも、すぐに円高なのか円安なのか思いつかない人は、為替レートを普通に売られているモノの値段のように考えると良いかもしれません。

たとえば、

オレンジ1個が80円から120円に変わった

場合を考えてみましょう。この場合、オレンジの値段が高くなったことはすぐにわかります。オレンジの値段が高くなった、つまり「オレンジ高」となります。

では、次に、「オレンジ」の部分を「ドル」に変えてみます。すると、

ドル1個が80円から120円に変わった

となります。「ドル1個」では何となく変なので、「ドル1個」を「1ドル」に変えます。
　すると、

1ドルが80円から120円に変わった

となります。変わった点は、オレンジがドルになったことと、オレンジ1個という言い方が1ドルになったことだけです。
　言い方は違いますが、ドルの値段が高くなったことはわかります。ドルの値段が高くなったのですから、これは「ドル高」となります。
　ドル円はドルと円を交換する割合を示したものです。よって、ドルが高くなったということは、反対に円は安くなった、つまり円安になったと言えます。

> **POINT**
> 円高・円安のどちらかわからない
> ↓
> 為替レートをモノの値段のように考えるとわかりやすくなる

 為替の変化と
私たちの生活の関係

▶ 円安になった時、円高になった時

　為替レートが変わり円安や円高になると、日本に住んで円を使っている人々の生活にも影響が及びます。

　円安になった場合、外貨でみて同じ金額でも、円では以前より多くの金額を支払うことが必要になります。この結果、外国で売られている製品の円でみた価格が上がることになります。

　日本は原油や鉄鉱石といった天然資源の多くを外国から買って輸入しています。また乳製品や牛肉、穀物といった食料品も外国から買って輸入しています。円安になると、こうした輸入品の価格が上がりやすくなります。

　第二次安倍政権が始まった2012年末から円安が進み、冷凍食品やワイン、ジャム、ハムなど輸入品の割合の高い食品は値段が上がりました。海外のブランド品やパソコンも値上げされました。

　反対に円高となった場合、外貨でみて同じ金額でも円で支払う金額は少なくなり、外国で売られている製品の円でみた価格は下がります。

第1章
外国為替市場をのぞいてみよう

円相場の推移

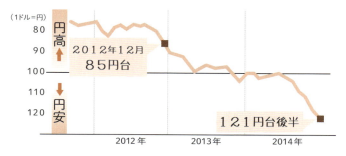

円安によって値上げされた商品（例）

ブランドバッグ
家具
バター
パスタ

　2008年の世界的な金融危機（いわゆるリーマン・ショック）の後に円高が続いた時、海外のブランド品は値下げされ、スーパーやデパートではワインや食料品などが円高還元セールと称して安売りされる光景が目立つようになりました。

　また円高が進むと、海外で売られている製品やサービスの価格が、円でみると下がることから、海外旅行の人気が高まります。たとえば2009年は、円が韓国のウォンに対して大きく上がった（円高となった）ため、韓国旅行の代金が大きく下がり、買い物目当てで韓国に出かける人が増えました。

　為替レートが変化すると、日本に住む人々だけでなく企業にも影響が及びます。

　円安になると、外国で売られている製品の円でみた価格は上がります。そのため、海外から商品や原材料を仕入れる（輸入する）企

業にとっては、仕入れ価格が上がってしまいます。円安の時に日本での販売価格をそのままにしてしまうと、仕入れ価格が上がった分、企業の利益は減ってしまいます。

　一方で、日本で作った製品を海外で販売する（輸出する）企業では、外貨での販売価格を同じにしても、円でみた価格は上がりますので、海外での売り上げは増えることになります。日本で支払うコストが同じであれば、増えた売り上げは、そのまま利益となります。

　反対に円高になると、海外から仕入れをする企業は、円でみた仕入価格が下がりますので、利益が増えやすくなります。一方で、日本で作った製品を海外で販売する企業は、海外での売り上げが円でみて減ってしまうため、利益が減りやすくなります。

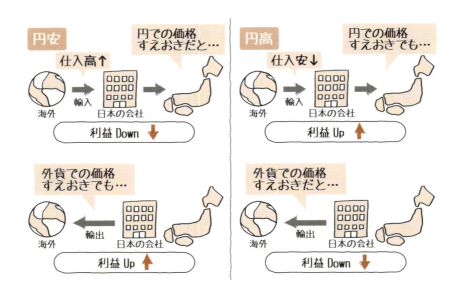

第1章
外国為替市場をのぞいてみよう

外国為替市場の主役は誰？

銀行同士の取引が中心

　為替取引は、銀行などの金融機関で行われていますが、銀行同士での取引はインターバンク市場と呼ばれ、外国為替取引の中心となっています。

　インターバンク市場、と聞くと、日本の代表的な株式市場である東京証券取引所のように、東京やニューヨークといった世界の大きな都市にある建物やビルの中で取引がなされているイメージを持つかもしれません。

　しかし為替の場合、取引する人たちが1つの場所に集まって取引をしているわけではありません。

　為替取引では、銀行などに勤める為替取引の担当者が、それぞれのオフィスからコンピュータ（端末）や電話を使って取引の相手と連絡を取りながら売買をします。取引をする2人はそれぞれ自分が座っている場所にいるのであって、同じ建物の中にいるわけではありません。

　為替取引は、取引をする2人がお互いに了解するのであれば、その場で取引が成立します。このような取引を「相対取引」と言います。

　ちなみに、株式取引のように、買うとか売るとかいった注文を取引所に集め、買い手と売り手の希望する価格が一致すれば取引される方法を「取引所取引」といいます。

　為替取引では、2人の間で決めた為替レートで取引が成立すると、

その日の2営業日後にお金（通貨）の受け渡しをします。**この時に使われた為替レートは、直物レート、もしくは英語でスポットレートと呼ばれます。**テレビなどで紹介される為替レートは直物レートです。

＞ 企業向けレートはどう決まる？

為替レートには、銀行同士の取引で使われる「インターバンク・レート」と、銀行が企業や個人と取引する時に使う「顧客向けレート」の2つがあります。さらに顧客向けレートは、企業向けと個人向けに分けられます。

企業向けレートは、取引をする時のインターバンク・レートに、銀行と企業との間であらかじめ決められた手数料が加えられて決まります。

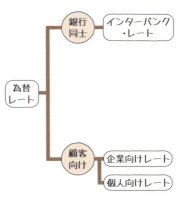

たとえば、銀行と企業との間で、ドルと円の交換手数料が「1ドル当たり2銭」と決められていたとします。企業がドル買いの注文を出した時のインターバンク・レートが1ドル＝120円10銭だったとすると、手数料を加えた企業向けレートは1ドル＝120円12銭となります。

企業が100万ドルを買ったとすると、銀行はこの取引で、

1ドル当たり2銭×100万ドル＝2万円

の手数料を得ることになります。

第1章
外国為替市場をのぞいてみよう

個人向けレートはどう決まる？

　個人向けレートは、企業向けレートと決め方が異なります。個人の場合、いつ取引をするかがわかりませんし、取引の規模が企業に比べ非常に小さくなります。そのため、企業向けレートのように、注文の時のインターバンク・レートを使うことはありません。

　代わりに銀行は、午前9時55分頃のインターバンク・レートを基準とし、その日に適用される個人向けレートを決めます。この基準は、仲値もしくはTTMと呼ばれます。

　仲値は一度決められたら、その日は同じ水準が使われるのが原則です。しかし為替レートが大きく変わった時は、仲値も変えられることがあります。

　個人向けレートは、外貨預金や海外への送金など金融機関の口座を使う場合の電信レートと、現金を扱う場合に使う現金（キャッシュ）レートの2つがあります。

　電信レートでは、仲値に1ドル当たり1円の手数料が加えられる場合がほとんどです。円を売る場合はTTSレート、円を買う場合はTTBレートと言います。たとえば、仲値が1ドル＝120円10銭だったとすると、TTS（円を売るレート）は1ドル＝121円10銭となり、TTB（円を買うレート）は1ドル＝119円10銭となります。

　現金レートは、仲値に1ドル当たり3円の手数料が加えられる場合がほとんどです。円を売る場合は現金売り相場、円を買う場合は現金買い相場と言います。

　仲値が1ドル＝120円10銭だったとすると、現金売り相場（円を売るレート）は1ドル＝123円10銭となり、現金買い相場（円を買うレート）は1ドル＝117円10銭となります。

現金レートが、電信レートよりも手数料が高いのは、現金の輸送費用や保険料が含まれるうえ、現金は利子を生まないからです。

　空港で円の現金をドルの現金に換えると、使われている為替レートがテレビなどで言われているのと大きく違い、驚いた経験をした人も多いと思います。これは個人向けの現金レートが、仲値（インターバンク・レート）から3円もの手数料が加えられているためです。

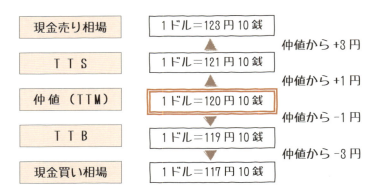

 外国為替市場は24時間眠らない⁉

▶ 1日中、世界のどこかで取引が行われている

　外国為替取引は年々拡大を続けています。

　国際決済銀行（BIS）と呼ばれる国際的な組織による3年ごとの調査によると、2013年の外国為替市場の1日あたりの取引量は、およそ4兆ドル（1ドル＝120円とすると480兆円）と、2001年の3倍以上の大きさとなっています。

第 1 章
外国為替市場をのぞいてみよう

　世界では株式や債券などさまざまな取引がなされていますが、これだけ大きな規模で取引をされているのは外国為替だけです。

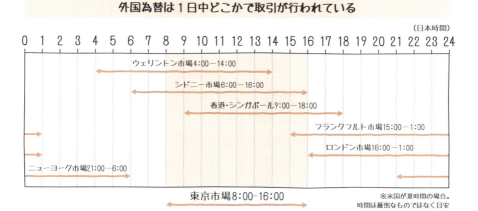

　為替市場での取引量が他の金融市場に比べ非常に大きいのは、日本時間の月曜日早朝から土曜日の早朝まで24時間、休みなく取引をすることができるからです。

　日本では夜でも、ヨーロッパや米国は昼間ですので、その地域（欧米）の銀行がインターバンク市場で外国為替取引をします。ヨーロッパや米国が夜でも、日本を始めとするアジア・オセアニア地域は昼間ですので、やはりその地域の銀行が為替取引をします。結果として、24時間、世界のどこかで為替取引がなされていることになるのです。

　為替市場は、米国やヨーロッパが夏時間の時期には、日本時間の月曜日の午前4時ころにニュージーランドのウェリントン市場から始まります。午前6時ころにオーストラリアのシドニー市場が動きだし、8時ころには東京市場が始まります。

　午前9時過ぎには香港やシンガポール市場が始まり、午後2時こ

ろには中東市場が始まります。午後3時にはドイツのフランクフルト市場が動きだし、夕方4時ころには英国のロンドン市場がスタート。夜9時には米国のニューヨーク市場が始まります。

ニューヨーク市場は日本時間の翌日午前6時くらいまで開いていますが、ニューヨーク市場が終わるころには、火曜日のウェリントン市場がすでに始まっています。

なお、こうした時間の区切りはあくまで目安です。たとえば東京市場の場合、午前8時ちょうどに始まるわけではありません。**各国での為替取引が活発になる時間帯を「市場」と呼んでいます。**

為替市場の取引量をみると、ロンドン市場が全体の4割を占め、ニューヨーク市場が2割弱と続いています。

東京市場は以前からロンドン、ニューヨークに次ぐ第3位の取引シェアを占めていましたが、最近ではシンガポール市場と同じく5％程度となっています。

為替レートにはクセがある？

▶ 為替の1日単位の動きを知ろう

お昼時にはレストランやカフェといった飲食店が混み、お正月には神社に大勢の参拝客が訪れます。同じように、外国為替市場も、ある程度のパターンで忙しくなる（取引量が多くなる）時や、反対にヒマになる（取引量が少なくなる）時があります。

日本時間の朝7時から11時くらいまでは、ドルを買う動きが強

第 1 章
外国為替市場をのぞいてみよう

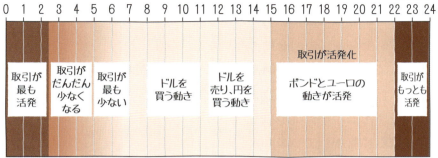

まる傾向にあります。これは日本の輸入企業が、海外から商品を買うためにドルを買おうとするからです。

11 時から午後 3 時くらいの時間帯では、ドルを売り、円を買う動きが強まる傾向にあります。今度は日本の輸出企業が海外で製品を売った代金を円に換えようとするからです。

午後 3 時から 7 時くらいには、ロンドン市場の取引参加者が加わり、為替取引が活発になります。ポンドの値動きが大きくなるのもこの時間帯です。

午後 7 時から 9 時くらいは、ロンドン市場での取引が中心となり、ポンドとユーロの値動きが大きくなります。

そして 9 時を過ぎ、翌日の午前 2 時くらいまでは、ニューヨーク市場の取引参加者も加わり、1 日の中でもっとも外国為替取引が活発になります。

この時間帯は、米国の経済指標が発表される時間帯でもあります。米国の経済指標の結果をみて、市場参加者はこれまでの考えや見方を大きく変えることもあり、変えた考えや見方に合わせて為替取引をすることになります。結果として、為替市場での取引量が増える

のです。

　午前2時を過ぎると、徐々に為替取引は少なくなっていきます。ロンドン市場の取引参加者が取引を終了させるものの、まだ東京市場の取引参加者は取引を始めないからです。

　そして午前5時から7時くらいまでは、為替取引が最も少なくなります。この時間帯は、ウェリントン市場やシドニー市場が始まった頃で、米国の銀行は取引を終わらせているものの、日本の銀行はまだ取引に参加していません。

❯ 為替の月単位の動きを知ろう

　1カ月の中で為替市場の取引量が増えるのは、各月の5日、10日、15日、20日、25日、30日です。これらの日は末尾に5か10がつくので、ゴトウビ（日）と呼ばれます。

　企業の多くは、このゴトウビに輸出入の決済をするため、日本の企業はドルを手に入れる（調達する）動きを強めます。

　このため**ゴトウビはドルが買われやすくなる一方で、円は売られやすくなると言われています。**また**月末**も日本企業が輸出入の決済をすることから、為替市場ではゴトウビと同じようにドルが買われやすい傾向にあります。

❯ 為替の季節単位の動きを知ろう

　1年の中でも、為替取引には一定の傾向があります。**2〜3月には日本企業が決算対策のため、投資していた外貨を円に戻す動きを強めます。**

　4〜5月は日本が大型連休を迎えるため、個人旅行客が海外旅行のために円を売り外貨を買う動きが見られます。また日本の銀行や

第1章
外国為替市場をのぞいてみよう

生命保険といった金融機関は、新しい年度を迎え新たに海外の株式や債券を買うため、やはり円を売り外貨を買う動きを取ります。

　8月に入ると、日本やヨーロッパ、米国は夏季休暇に入ります。このため外国為替取引も他の月に比べ少なくなり、為替レートが動きにくくなります。

　11月になると、ヨーロッパや米国の企業が決算を迎えることから、自分の国の通貨であるユーロやドルを買う動きを強めます。反対に円は売られやすくなります。

　そして12月は、欧米を中心にクリスマス休暇に入るため為替取引が大きく減るようになります。クリスマスの週の為替レートは、動きが小さくなります。

為替市場を動かす市場参加者

▶ 金融機関のディーリング・ルームで働く人々

　為替市場では、企業や人々がさまざまな目的で為替の取引をしています。なかでも、大量の為替取引をするのは、銀行や保険会社、証券会社といった金融機関です。

　銀行や証券会社で為替の取引がされる部屋は、ディーリング・ルームと呼ばれます。テレビのニュース番組などで銀行の為替取引の様子を見たことがある人もいるかもしれません。

　通常、ディーリング・ルームは、机が横に並んでおり、それぞれの机にはパソコンの画面（ディスプレイ）が3つも4つも並んでいて、人によっては上下それぞれ3つ、計6つの画面を並べているケースもあります。

　それぞれの画面には、たくさんの数字や為替レートの動きを示すチャートと呼ばれるグラフが表示されています。

▶ 「セールス」と「トレーダー」が連携して取引する

　画面の前に座る人は、主に2つの仕事のどちらかを担当しています。1つは「セールス」です。

　セールスは、自分が担当するお客様からの為替取引の注文を受ける役割を持っています。 ここでいうお客様とは、輸出入などのために為替取引を必要とする商社や輸出入企業のほか、株式や債券、為替で運用する機関投資家と呼ばれる企業です。

セールスは、お客様に為替取引の注文を受けるだけでなく、為替に関する情報を伝えたり、お客様からの質問や相談を受けるサービスもしています。

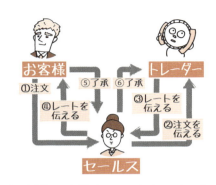

このため、セールスの多くは、自分の席の電話や、パソコンのチャットや電子メールなどを使ってお客様と連絡を取り合うことが主な仕事となります。セールスは、お客様のところを訪問することもあります。

お客様からの為替取引の注文を受けたセールスは、もう1つの仕事を担当する「トレーダー」に注文を伝えます。

注文を受けたトレーダーは、インターバンク市場の為替レートをもとに、注文に当てはまる為替レートをセールスにすぐに伝えます。

セールスは、トレーダーから受けた為替レートをお客様に伝え、お客様がその為替レートを了承すると、セールスはトレーダーにお客様が了承したことを伝え、そこで取引が終了します。

雑誌や小説などでは、外国為替を取引するプロとして「為替ディーラー」が登場します。為替ディーラーは、銀行など金融機関で為替取引をする人たちのことです。セールスからの注文を受けてインターバンク市場で為替取引をするトレーダーも為替ディーラーの1人です。

▶ マリー取引とヘッジファンド

為替ディーラーは、「為替市場の主役」というイメージがありますが、実は為替ディーラーによる外国為替取引の割合は、徐々に低

下しています。

2008年のリーマン・ショックをきっかけに、世界各国の金融機関は合併などで規模が大きくなりました。そのため、インターバンク市場で別の銀行に注文を出すことなく、お客様の買い注文と別のお客様の売り注文を付け合わせること（マリー取引）が、より効率的にできるようになりました。

マリー取引は、インターバンク市場での取引に比べ収益性が高いと言われています。そのため、欧米の大規模な銀行は、お客様からの買い注文を受けると、コンピュータ・プログラム（アルゴリズム）を使って瞬時に為替レートを調整し売り注文を集め、元の買い注文を付け合わせる（マリーする）傾向を強めています。

為替ディーラーに代わり存在感を強めているのが、機関投資家や富裕者層から私的に集めた資金を運用するヘッジファンドです。

ヘッジファンドの中には、短い時間に多くの取引をする高頻度取引（英語でHFTと呼ばれます）を得意とするところもあります。

高頻度取引では、コンピュータ・システムが市場の状況に応じて、自動的に売り買いの注文のタイミングや数量を決めて自動的に注文を出します。時には1秒間に数百回といった数で売買が繰り返されることもあります。

これでは、たとえ早口が得意な為替ディーラーでも、注文の数の多さでは勝てません。

第 2 章

為替はなぜ動くのだろう？

価格の大原則は「需要と供給」の関係

▶ 価格は売り買いするために付けられる

　スーパーや八百屋で売られているダイコンやネギといった野菜には価格が付いています。同じようにマグロやアサリといった魚介類にも価格が付いています。
　そして、**株式や債券、為替レートなど金融市場で取引される金融資産にも価格が付いています。**
　そもそも価格は、買い手と売り手が取引（売買）をするために付けられるものです。価格がないと、買い手はいくらで買えるのかわかりませんし、売り手はいくらで売りたいか示すことができません。
　見方を変えると、価格が付いているということは、買い手と売り手の両方が必ずいることになります。

▶ 需要と供給が一致して価格が決まる

　価格はいつも同じではなく、変わります。価格が変わるのは、買い手と売り手のお互いの状況が変わるからです。
　買い手としては、できるだけ安く買いたいところですが、多少価格が高くても何らかの事情で買わざるを得ない時もあるでしょう。売り手としては、できるだけ高く売りたいところですが、多少価格が安くてもすぐに売らなければならない時もあります。
　買い手と売り手の両方の事情や考えを反映した動きは、需給動向と呼ばれます。需給とは「需要（買い手）」と「供給（売り手）」の

第 2 章
為替はなぜ動くのだろう？

2つの言葉を省略した言葉です。需要とは「何かを必要とすること」という意味で、供給とは「何かを与えること」という意味です。

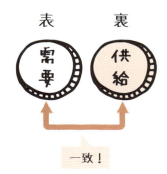

一般的には、需要と供給は、それぞれが無関係に別々に決まるように考えられていますが、価格が決まる時点では、需要と供給は一致します。

需要と供給の関係は、コインの表裏の関係と同じ。コイン（価格）が存在するならば、表と裏（需要と供給）が一致します。

需要が強まる場合と供給が弱まる場合は、買いたい人が増えて売りたい人が減る状態になりますから、価格は上がりやすくなります。

逆に需要が弱まる場合と供給が強まる場合は、買いたい人が減って売りたい人が増える状態になりますから、価格は下がりやすくなります。

> **POINT**
>
> 需要が強い（供給が弱い） ＝ 価格は上がりやすい
>
> 需要が弱い（供給が強い） ＝ 価格は下がりやすい

たとえば、ドル円レートの場合、ドルを買う（円をドルに換える）動きが強ければ、ドルの需要が強いことになり、ドル円は上がり（ドル高円安になり）ます。逆に、ドルを売る（ドルを円に換える）動きが強い時は、円の需要が強いことになり、ドル円は下がり（ドル安円高になり）ます。

為替市場における通貨の需要は、いろいろな要因で決まります。第1章⑨で述べたような季節的な変動もあります。

世界のどこかで大規模な戦闘が発生すると、世界経済が混乱する可能性が高まります。そうすると、日本の一部の投資家は外貨建ての金融資産をスムーズに円に換えられなくなるような万が一の事態を想定するかもしれません。そうした人が外貨を円に換える動きを強め、円の需要が強まることもあるでしょう。

　あるいは中東の王様が米国企業を買収しようとして、ドルを大量に調達し、ドルの需要が強まることもあり得ます。

　このように考えると、通貨の需要を決める要因は無限にあると言えます。しかし、為替市場で取引をする人（市場参加者）が、すべての要因を完全に把握し、為替の取引をしているわけではありません。たとえプロの市場参加者であっても、地球上で発生するすべての情報を短時間で把握することはできないからです。

　このため、**市場参加者は、他の多くの参加者が「通貨の需要に大きな影響を与えると考える」と思われる情報やデータに集中・注目することで効率的に取引をしようとします。こうした情報やデータを「材料」と呼びます。**

　言い換えると、たとえ自分が「これは大変重要な情報だ」と思っても、市場参加者がその情報を材料とみなさなければ、為替レートが動くことはありません。

POINT ▶

通貨の需要を決める要因は無限にあるけれど……

　　　→ プロでもすべてを完全に把握することはムリ！

　　　→ 市場参加者は「材料」に集中・注目する

第 2 章
為替はなぜ動くのだろう？

通貨の需要を決める 4つの項目

▶ 通貨の需要は「実需」と「投機」の2つがある

市場の材料は、一見するとたくさんあり、大変難しいものに思えます。しかし、こうした市場の材料は、次のようにグループに分けて考えると、頭の中を整理することができます。

通貨の需要は、実需と投機の2つに分けられます。この2つが合わさって通貨の需要が決まります。

「実需」とは、その名の通り「実際の需要」に基づいた取引を指します。 日本に住む人が米国で米ドルを使うために円をドルに換える需要は実需の1つです。

一方、**「投機」とは、為替レートの動きから利益を得ることを目的として生まれる通貨の需要です。** ドルがこれから上がると考え、ドルを買う需要が高まるのは投機の1つといえます。

実需	投機
通貨を買ったり売ったりする必要から生まれる需要	為替レートの動きから利益を得るために生まれる需要

↓ ↓

通貨の需要

投機は、為替市場で儲けるために行われるので、通貨を換える必要性は何もなく、実際に換えた通貨を使うことも考えていません。実需と投機の違いは、換えた通貨を使う必要があるのか、ないのかという点にあります。

> **POINT**
>
> 実需と投機の違いは「換えた通貨を使う必要があるかどうか」

実需と投機が為替レートに与える影響は？

投機による取引（投機取引）は、単に利益を得るためだけに行われるため、「けしからん」と思われがちです。

しかし投機取引は、為替市場にとって非常に重要です。為替取引のうち実需による取引（実需取引）の割合は全体の1割程度で、残りの9割が投機取引です。

仮に為替市場が実需取引だけのものとなると、取引量が少なくなり、取引したい時に取引ができなくなる恐れがあるほか、為替レートの値動きが一方的なものになる恐れがあります。24時間、世界のどこででも自由に為替取引ができるのは、為替市場で多くの投機取引がなされているおかげ、とも言えます。

実需と投機とでは、為替レートに与える影響が異なります。実需では換えた通貨を使う何らかの必要性（需要）があるため、通貨を買った後に売る、もしくは、売った後に買う、といった反対売買をすることがありません。

外国の株式や債券などを買うために外貨買いの取引をした場合には、買った株式や債券を売った後に、外貨を売って自分の国の通貨を買う反対売買をする可能性もあります。

しかし、この場合でも、為替の反対売買が行われるのは、株式や債券への投資が終了してからなので、数カ月から1年以上後になることがほとんどです。

一方、**投機取引では短い期間で反対売買がなされます。**そうしないと、取引によって発生した利益や損失が、為替レートの動きによって時々刻々と変わってしまうからです。

個人投資家によるFX取引などでは、取引して数秒後に反対売買されることもあります。銀行などのプロのディーラーでも、1日のうちに何度も取引を繰り返すことがあります。

このように、**実需取引は反対売買が少なく、あったとしても反対売買までに長い時間がかかります。**

一方、**投機取引は必ず反対売買がなされるため、投機で為替レートが動いたとしても、短期間で反対売買が出て、それが当初の動きとは逆方向に為替レートを動かすと予想されます。**

為替レートの大きな方向性を決めるのは、投機ではなく実需であるといえます。投機取引を目的とした市場参加者にとっても、実需取引の動向は、参考にすべき重要な要素なのです。

一方、投機取引の動向は為替レートの動きを大きくしますので、実需取引をする市場参加者も売買のタイミングを図るうえでこれを参考にする必要があります。

実需
海外旅行のためにドルを買う
＝
ドルを円に戻すことはない

投機
利益を得るために売買を繰り返す

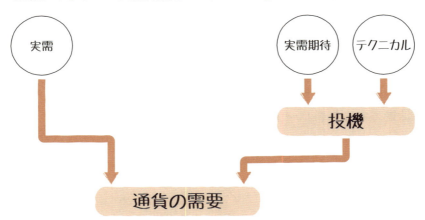

実需期待は「期待される情報」による投機

投機は、さらに「実需期待」「テクニカル」の2つに分けられます。

実需期待とは、実需の動きに変化を与えるだろうと考えられる（期待される）情報によって通貨の需要が変わることです。「実需」が変わると「期待」される、ということで、この本では、「実需期待」という言葉を使っています。

実需期待の例として、米国の金利が上がった、という情報が得られた場合を考えてみます。

この場合、日本など米国以外の投資家は、より多くの金利収入が得られることを期待し、米国により多くのお金（資本）を移す「だ

ろう」と考えられます。

　米国にお金を移すには、自分の国の通貨をドルに換える必要（実需）がありますので、市場参加者は、実需が生まれる前に先んじてドルを買う動き（ドルの需要）を強めます。

ここで注意すべきことは、実需が変わったわけではないのに、「米国の金利が上がった」という情報が、ドルという通貨の需要を高めたという点です。通貨を換える必要はないのに、情報に基づいてドルを買うわけですから、実需期待による為替取引は投機の一種といえます。

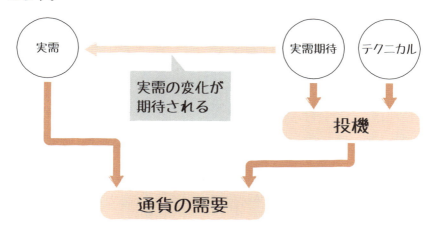

　また実需期待は、あくまで実需の変化を期待することで生まれる通貨の需要ですので、実需に直接関係ない情報は実需期待に結び付きません。

▶ テクニカルは過去の値動きからの予想による投機

　投機の2つ目は「テクニカル」です。「テクニカル」という言葉は、投資に関する本などで目にした方も多いと思います。

　テクニカルとは、為替レートの過去の値動きに注目し、その値動

きから今後の値動きを予想することです。

たとえば、長い間、日本円が下がる傾向が続いているため、そろそろ日本円は上がる方向に変わる、と予想するのはテクニカルに基づいた考え方の１つです。テクニカルは、実需期待のように実需の変化を考えることはしません。あくまで為替レートの過去の値動きを判断の根拠とします。

金融の世界では、過去の値動きから今後の値動きを予想する時に特定の計算式を使うことがよくあります。

テクニカルは、日本語で技術的とか技巧的と訳されますが、特定の計算式を使う様子が技術的・技巧的に見えるためか、過去の値動きから今後の値動きを予想する方法としてテクニカルという言葉が使われています。

POINT

投機は２つに分けられる

実需期待 実需の変化が見込まれる（期待される）情報のこと

テクニカル 過去の為替レートの値動きから
今後の通貨の値動きを予想すること

▶ 政府や中銀も需要に影響を与える

通貨の需要に影響を与える最後の項目が「政府・中銀」です。

ここでいう中銀とは、通貨の発行や金融システムの安定化などを担当する公的組織である中央銀行の略称です。政府や中央銀行が希望する方向（意向）に通貨の需要を変えようとすることを、この本では「政府・中銀」と呼ぶことにします。

アベノミクスは、政府・中銀の代表例と言えます。

第2章
為替はなぜ動くのだろう？

　アベノミクスとは、2012年12月に発足した第二次安倍政権が、日本の中央銀行である日本銀行と協力しながら、デフレ（物価の下落が続くこと）からの脱却や景気の拡大を目指すために行っている経済政策のことです。

　日本経済がデフレを脱却するには、円が下落する（円安を進める）ことが有効といわれています。このため、日本の政府・中銀は円安が進むような政策を実施すると予想されます。

　当局は自らの希望（意向）が実現するよう、政策を通じて実需を変えようとすることがあります。

　新興国の中には、自分の国の通貨がこれ以上安くならないよう、国民が外貨を買うことを禁止する政策を実施する例があります。これは政府・中銀の意向によって、実需を変えようとした政策といえます。

　また当局は、実需期待に働きかけることで、自らの意向を実現させることもあります。

　自分の国の通貨がこれ以上安くならないようにするため、金利を引き上げるのは、その一例です。金利が上がれば、外国の投資家がより高い金利収入を期待して、その国の通貨を買うことが期待されます。

アベノミクス

55

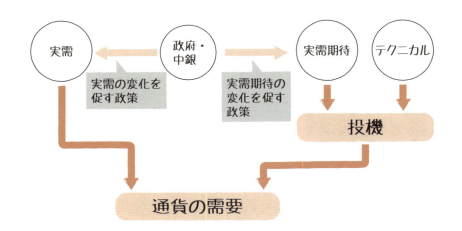

> **POINT**
> 通貨の需要に影響を与える最後（4つ目）の項目
>
> 政府・中銀 ＝ 政府や中央銀行が希望する方向（意向）に通貨の需要を変えようとすること

▶ ファンダメンタルズって何？

　投資に関する本などは、実需や実需期待、政府・中銀を一括りにしたものとして「ファンダメンタルズ」という言葉を使うことがあります。ファンダメンタルズとは、国全体の経済の成長性や健全性を表す言葉で、幅広い意味で使われます。

　これまで説明してきた4項目についてみれば、テクニカルを除く3項目（実需、実需期待、政府・中銀）がファンダメンタルズに当たります。

　為替に関する本などでは、ファンダメンタルズが為替レートに大きな影響を与える、などと説明されることもあります。同時にファンダメンタルズと総称されるさまざまなこと――経済成長率、物価

第 2 章
為替はなぜ動くのだろう？

上昇率、財政赤字の状況、企業業績……etc.——が解説されることもよくあります。

ただ、そうした個々のデータや情報をいくら聞いても、それらがどういう関係にあるかということや、経済全体としてはどうみたらいいのかということはわかりません。「ファンダメンタルズが為替レートを動かす」といわれて、漠然とした印象を持つ方も多いのではないでしょうか。

そこでこの本では、為替レートが動く仕組みを学ぶ際に、ファンダメンタルズという言葉はあえて使わず、これまでに出てきた４項目（「実需」「実需期待」「政府・中銀」「テクニカル」）を使うことにします。この４項目を通じて需給をみることがもっとも早道だと思うからです。

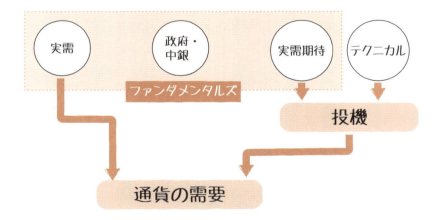

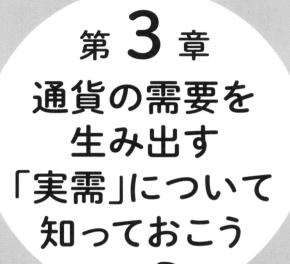

第3章
通貨の需要を生み出す「実需」について知っておこう

1 実需とは経済活動で生まれる通貨の需要

▶ 誰もが日々、行っている経済活動

　人々や企業は毎日、なんらかの経済活動をしています。「経済活動」と聞くと難しそうに思えますが、お金を出して何か買ったり、お客さんからお金を受け取って何かを売ったりすることをイメージしてください。

> **POINT**
> 経済活動とは、何かを買ったり売ったりすること

　日本に住んでいれば、経済活動で日本円を使うことがほとんどです。しかし、たとえ日本に住んでいても、日本以外の国の人や企業と経済活動をするときは、相手が必ずしも日本円を使ってくれるわけではなく、他の通貨を使う必要が出てきます。

　つまり、日本以外の人や企業を相手に経済活動をする時には、日本円を他の国の通貨に換えたり、他の国の通貨を日本円に換える、いわゆる為替取引の必要性（需要）が生まれます。これが為替の実需です。

▶ 実需には「貿易」と「資本フロー」の2つがある

　為替の実需は、「貿易」と「資本フロー」の2つに分けられます。
　貿易は2つの国や地域の間で何かを売ったり買ったりすることです。一方、資本フローは2つの国や地域の間で、お金（資本）だけ

第3章
通貨の需要を生み出す「実需」について知っておこう

が行ったり来たりすることです。

> **POINT**
> 実需は2つに分けられる
>
> 貿易 → 2つの国や地域の間で
> 何かを売ったり買ったりすること
>
> 資本フロー → 2つの国や地域の間で、お金（資本）だけが
> 行ったり来たりすること

2 貿易をすると通貨の需要が変わる

▶ モノの貿易とサービスの貿易

　まず、実需のうちの「貿易」が為替レートをどう動かすかをみていきましょう。冷戦の終了、新興国の経済発展、インターネットの普及などを背景に、貿易は拡大を続けています。**貿易では必ずといっていいほど為替取引が必要になります。**世界の国々は、それぞれ独自の通貨を使うことがほとんどですので、2つの国や地域との間で貿易という売買をするときに、どちらかが相手の通貨を使う必要があるからです。

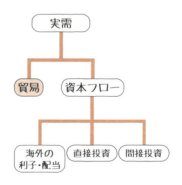

　新興国などでは、お互いの通貨を使わず、世界中で流通している米ドルを使って貿易をすることもありますが、この場合でも、買う

側は自国の通貨を米ドルに換える必要がありますし、売る側は得た米ドルを自国の通貨に換える必要があります。

　貿易には、モノの貿易とサービスの貿易の2種類があります。

　モノの貿易とは、その名の通りで、原油や鉄鉱石といった原材料や、自動車部品や電子部品といった中間製品、自動車や家電製品といった最終製品など、2国間でのモノの売買を指します。**一般に貿易というと、このモノの貿易を意味します。**

　一般にはなじみがありませんが、貿易にはモノだけではなくサービスの貿易もあります。**モノの貿易と区別するために、サービスの貿易は「サービス貿易」という違う言葉を使うのが一般的です。**

　サービス貿易におけるサービスとは、貨物の輸送や旅客運賃、ホテルの宿泊費、映画やサーカスなどを指します。

　モノやヒトを運ぶ輸送やホテルの宿泊といった便利な行為は、モノと違い形のあるものではありませんが、輸送などのサービスをしてもらう代わりにお金を支払う取引を2国間で行うこと（貿易）も多々あります。

❯ 日本企業が米国企業に部品を輸出したら？

　ここではモノの貿易の例として、日本の電機メーカーが米国のPC（パソコン）メーカーに電子部品を輸出する（売る）場合を考えてみます。

　電子部品を買う側にある米国のPCメーカーは、電子部品を買う代金として米ドルを日本の電機メーカーに支払います。ただ、日本の電機メーカーは、工場の経費や日本に住む従業員の給与を支払うために日本円を必要とします。

　このため日本の電機メーカーは、電子部品を売ることで得た米ド

ルを日本円に換える為替取引をします。

このように輸出では外貨（この例では米ドル）を自国の通貨（この例では日本円）に換える需要（必要性）が生じます。

POINT

> **輸出する** ＝ 外貨を自国の通貨に換える需要が生ずる

日本企業が米国企業から何かを輸入したら？

次に日本の食品企業が米国の商社からトウモロコシを輸入する（買う）場合を考えてみましょう。

トウモロコシを売る側にある米国の商社は、トウモロコシと引き換えに米ドルを支払うよう求めます。そして日本の食品企業は、トウモロコシの代金として米ドルを用意します。

日本の食品企業は保有している日本円を米ドルに換えるという為替取引をし、米国の商社に用意できた米ドルを支払い、代わりにトウモロコシを受け取ることで輸入が完了します。

このように輸入では自国の通貨（この例では日本円）を外貨（この例では米ドル）に換える需要（必要性）が生じます。

POINT

> **輸入する** ＝ 自国の通貨を外貨に換える需要が生ずる

貿易黒字と貿易赤字ってどういう意味？

国全体では、輸出と輸入の両方が行われています。そこで国全体での貿易の動きを知るために、輸出と輸入それぞれの金額だけでなく、輸出額から輸入額を差し引いた貿易収支も公表されています。

輸出額が輸入額を上回る（貿易収支はプラスとなる）時、貿易収支は黒字（もしくは貿易黒字）と呼びます。逆に輸入額が輸出額を上回る（貿易収支はマイナスとなる）時、貿易収支は赤字（もしくは貿易赤字）と呼びます。

> **POINT**
> **貿易収支とは輸出額から輸入額を差し引いた金額**
> 貿易黒字 ▶ 輸出額が輸入額を上回っていること
> 貿易赤字 ▶ 輸入額が輸出額を上回っていること

　貿易収支が黒字の国は、輸出が輸入を上回っているわけですから、国全体でみた場合、外貨を自国通貨に換える需要が、自国通貨を外貨に換える需要よりも強いことになります。逆に貿易収支が赤字の国は、自国通貨を外貨に換える需要が、外貨を自国通貨に換える需要よりも強いことになります。

> **POINT**
> 貿易黒字の国 ＝ 外貨を自国通貨に換える需要が強い
> 貿易赤字の国 ＝ 自国通貨を外貨に換える需要が強い

3 海外の利子・配当も為替を動かす

＞ 資本フローの3つの種類

　実需のもう1つの柱である「資本フロー」は、さらに「海外の利子・配当」「直接投資」「間接投資」の3つに分けられます。

第3章
通貨の需要を生み出す「実需」について知っておこう

　海外の利子・配当とは、外国との投資のやり取りの後で生ずる利子や配当金をいいます。

　直接投資とは、外国企業を買う（買収する）ことや、外国で工場を建てるなど、企業が外国で事業をすることを目的とした投資のことです。

　近年、世界経済のグローバル化が進み、大企業、中小企業を問わず外国で積極的に事業を展開しており、直接投資も増加傾向にあります。

　間接投資とは、外国で発行されている株式や債券に投資をすることです。株式や債券に投資をすれば、価格が上がることで利益を得る可能性があるほか、株式から得られる配当、債券から得られる金利を得ることもできます。

　近年では先進国だけでなく新興国でも金融市場が大きく発達しているため、たとえ外国で発行された株式や債券であっても積極的に投資をする動きが活発になっています。

▶ POINT

**資本フローは海外の利子・配当、直接投資、間接投資の
3つに分かれる**

海外の利子・配当	外国との投資のやり取りの後で生ずる利子や配当金のこと
直接投資	企業が外国で事業をすることを目的とした投資のこと
間接投資	外国で発行されている株式や債券への投資のこと

▶ 海外の利子・配当の受け取りと支払い

自分の国から外国に投資をした後で生まれた利子や配当金は、いずれ自分の国の通貨に換えられ、戻ってくる可能性があります。

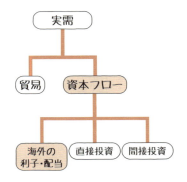

反対に外国から受け入れた投資によって生まれた利子や配当金は、いずれ外国の通貨に換えられ、外国に戻される可能性があります。

こうしたことから**海外の利子・配当の増域は、外国為替市場に影響を及ぼす**と考えられます。

外国に投資をした後で利子や配当金が生じることを、海外の利子・配当の受け取りといいます。反対に外国から投資を受けたことで外国に支払うべき利子や配当金が生ずることを、海外の利子・配当の支払いといいます。

▶ 日本の個人投資家が米国債を買ったら？

海外の利子・配当が為替市場に影響を与えることをイメージするために、日本の個人投資家が、米国の国債（米国債）を買った（投資をした）例を考えてみましょう。

米国政府は、米国債を持っている投資家に、決まったタイミングで利息を支払います。**米国債を持っている日本の個人投資家も、米国政府から利息を受け取ることになります。** これは日本からみた場合、海外の利子・配当の受け取りに当たります。

米国債は、米国で発行された債券ですので、支払われる利息も米

第3章
通貨の需要を生み出す「実需」について知っておこう

ドル建てとなり、米国債を持っている日本の個人投資家も、米ドルで利息を受け取ることになります。

日本の個人投資家が米ドルで受け取った利息を日本で使うためには、それを日本円に換える必要があります。そこで為替取引が発生します。

このように海外の利子・配当の受け取りでは、外貨（この例では米ドル）を自国の通貨（この例では日本円）に換える需要（必要性）が生じます。

> **POINT**

海外の利子・配当の受け取り	＝	外貨を自国の通貨に換える需要が生ずる

▶ 米国の投資家が日本企業の株式を買ったら？

次に米国の投資家が日本企業の株式を買った（投資をした）場合を考えてみましょう。

通常、株式会社は、決算した後に株式を持っている投資家に配当金を支払います。**米国の投資家が日本企業の株式を持っていれば、他の投資家と同じように配当を受け取ることになります。**日本からみた場合、海外の利子・配当の支払いに当たります。

ただ、その配当金は日本円で支払われます。このため、米国のファンドであっても受け取る配当は日本円建てとなり、**米国の投資家は、日本円を米ドルに換える為替取引をする需要（必要性）が生じます。**

> **POINT**

海外の利子・配当の支払い	＝	自国の通貨を外貨に換える需要が生ずる

67

4 海外の企業が進出する国の通貨は高くなる

▶ 直接投資の支払いと受け取り

直接投資は、企業が外国でビジネスをすることを目的に、外国で工場を建てたり、現地法人を設立したり、外国の企業を買収することを意味します。**自分の国の企業が外国で直接投資をすることを直接投資の支払いといい、逆に外国の企業が、自分の国に直接投資をすることを直接投資の受け取りといいます。**

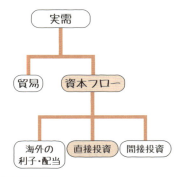

外国企業を買ったり、外国に工場を建てたりするには外国の通貨（外貨）が必要です。そこで企業は、直接投資のために自分の国の通貨を外貨に換える必要があり、その動向が為替市場に影響を及ぼすことになります。

▶ 日本企業が米国で工場を建てたら？

たとえば日本の企業が、米国で自動車工場を建てる場合を考えてみます。これは日本からみた場合、直接投資の支払いに当たります。

日本企業は、米国で工場を建てるための土地を買い、必要な資材の多くを米国で調達することになります。またそこで働く人も雇わなければなりません。

工場を建てるために必要な費用は、米国で支払われることになる

第3章
通貨の需要を生み出す「実需」について知っておこう

ため、使われる通貨は米ドルとなります。

このため日本企業が、日本円を米ドルに換える必要性が生まれ、日本円を米ドルに換える為替取引をします。

このように直接投資の支払いでは、自国の通貨（この例では日本円）を外貨（この例では米ドル）に換える需要（必要性）が生じます。

POINT

| 直接投資の支払い | = | 自国の通貨を外貨に換える需要が生ずる |

米国企業が日本で事務所を開設したら？

次に米国の企業が日本に事務所を開く場合を考えてみましょう。これは日本からみた場合、直接投資の受け取りに当たります。

米国の企業は、事務所を開くためにオフィスビルの一室を借り、そこで働く人を雇わなければなりません。こうした費用は日本で支払われるため、使われる通貨は日本円となります。

このため米国の企業が、米ドルを日本円に換える必要性が生まれ、米ドルを日本円に換える為替取引をします。

このように直接投資の受け取りでは、外貨（この例では米ドル）を自国の通貨（この例では日本円）に換える需要（必要性）が生じます。

POINT

| 直接投資の受け取り | = | 外貨を自国の通貨に換える需要が生ずる |

直接投資の黒字と赤字ってどういう意味？

海外の利子・配当と同じように、直接投資も国全体でみると、受

け取りと支払いの両方が行われています。

　そこで国全体での直接投資の動きを知るために、受け取りと支払いのそれぞれの金額だけでなく、受け取り額から支払い額を差し引いた額をみることも大事となります（専門用語で直接投資収支と呼ばれます）。

　直接投資の受け取りが直接投資の支払いを上回る（直接投資収支がプラスとなる）時、直接投資収支は黒字といいます。逆に支払いが受け取りを上回る（直接投資収支がマイナスとなる）時、直接投資収支は赤字といいます。

> ### POINT
> **直接投資収支とは直接投資の受け取りから**
> **直接投資の支払いを差し引いた金額**
>
> | 直接投資収支が黒字 | ＝ | 受け取りが支払いを上回っている |
> |---|---|---|
> | 直接投資収支が赤字 | ＝ | 支払いが受け取りを上回っている |

▶ 直接投資が黒字の国と赤字の国

　直接投資収支が黒字の国は直接投資の受け取りが直接投資の支払いを上回っているわけですから、国全体でみた場合、外貨を自国通貨に換える需要が自国通貨を外貨に換える需要よりも強いことになります。

　逆に直接投資収支が赤字の国は、自国通貨を外貨に換える需要が、外貨を自国通貨に換える需要よりも強いことになります。

第3章
通貨の需要を生み出す「実需」について知っておこう

POINT

| 直接投資収支が黒字の国 | = 外貨を自国通貨に換える需要が強い |

| 直接投資収支が赤字の国 | = 自国通貨を外貨に換える需要が強い |

企業の海外進出も為替に影響を与える

　直接投資について為替市場で注目されるのが、企業買収に関するニュースです。企業買収とは、ある企業が別の企業を買い、その企業を経営したり、利益を自分のものにすることを意味します。

　A国の企業が、B国の企業を買収するには、買収する企業がB国の通貨を使う必要があります。このため、**買収される企業の国の通貨の需要が強まる**と考えられます。

　たとえば日本の大手携帯通信会社が米国の大手通信会社を買収すると発表し、大きな話題となったことがあります。この時も、日本の大手携帯通信会社が買収のために多額の米ドルを必要とすると考えられ、為替市場では円が売られドルが買われる取引が活発になりました。

POINT

| 規模の大きな海外企業が他国の企業に買収される | = 買収される企業がある国の通貨の需要が強まる |

　別の国の企業を買収するのではなく、企業が別の国で自らビジネスを始めることもあります。別の国でビジネスを始めるには事務所や設備を用意し、従業員を雇う必要がありますが、そのために必要なお金は、その国の通貨でなければなりません。

　このため、外国でイチから企業を始める場合にも外国の企業を買

収する時と同じように外貨が必要となります。

つまり海外の企業が数多く進出してくる国の通貨は、需要が強まると考えられます。

> **POINT**
> 海外企業が数多く進出してくる ＝ その国の通貨の需要が強まる

外貨投資が盛んな国の通貨は安くなってしまう

企業の海外進出も為替に影響を与える

間接投資は外国で実際にビジネスをすることではなく、外国で発行された株式や債券を買ったり売ったりすることです。

自分の国の投資家が、外国の株式や債券を買う（投資をする）ことを間接投資の支払いといいます。反対に外国の投資家が、自分の国の株式や債券を買う（投資をする）ことを間接投資の受け取りといいます。

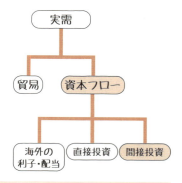

株式や債券を買えば（投資をすれば）、価格が上がることで利益を得る可能性があるほか、株式から得られる配当、債券から得られる金利を得ることもできます。

外国の株式や債券などを買う時には、自分の国の通貨を外貨に換

第3章
通貨の需要を生み出す「実需」について知っておこう

える必要があります。逆に海外の株式や債券を売却し、利益を自分の国に戻そうとする時には、外貨を自分の国の通貨に換える必要があります。このため間接投資の動向も、為替市場に影響を及ぼすと考えられます。

日本人がオーストラリア国債を買ったら？

たとえば日本の個人投資家が、より高い金利を求めてオーストラリアの国債を買う場合を考えてみます。これは日本からみた場合、間接投資の支払いに当たります。

オーストラリアの国債はオーストラリア政府が借金をするために発行する債券です。使われる通貨はオーストラリアの通貨である豪ドルとなります。

このため、オーストラリアの国債を買う日本の個人投資家には、日本円を豪ドルに換える必要性が生まれ、日本円を豪ドルに換える為替取引をします。

このように間接投資の支払いでは、自国の通貨（この例では日本円）を外貨（この例では豪ドル）に換える需要（必要性）が生じます。

POINT

間接投資の支払い ＝ 自国の通貨を外貨に換える需要が生ずる

米国機関投資家が日本株を買ったら？

米国の機関投資家が、日本の株式（日本株）を買う場合を考えてみましょう。これは日本からみた場合、間接投資の受け取りに当たります。

日本株を買うためには日本円を使う必要があります。このため米

国の機関投資家は、米ドルを日本円に換える必要性が生まれ、米ドルを日本円に換える為替取引をします。

このように間接投資の受け取りでは、外貨（この例では米ドル）を自国の通貨（この例では日本円）に換える需要（必要性）が生じます。

> **POINT**

間接投資の受け取り	=	外貨を自国の通貨に換える 需要が生ずる

> 間接投資の黒字と赤字ってどういう意味？

間接投資も直接投資と同じように、受け取り額から支払い額を差し引いた額をみることが大事です（専門用語で間接投資収支と呼ばれます）。

間接投資の受け取りが、間接投資の支払いを上回る（間接投資収支はプラスとなる）時、間接投資収支は黒字といいます。逆に支払いが受け取りを上回る（間接投資収支がマイナスとなる）時、間接投資収支は赤字といいます。

> **POINT**

間接投資収支とは間接投資の受け取りから
間接投資の支払いを差し引いた金額

間接投資収支が黒字	=	受け取りが 支払いを上回っている
間接投資収支が赤字	=	支払いが 受け取りを上回っている

第3章
通貨の需要を生み出す「実需」について知っておこう

間接投資が黒字の国と赤字の国

間接投資収支が黒字の国は、間接投資の受け取りが間接投資の支払いを上回っているわけですから、国全体でみた場合、外貨を自国通貨に換える需要が自国通貨を外貨に換える需要よりも強いことになります。

逆に間接投資収支が赤字の国は、自国通貨を外貨に換える需要が、外貨を自国通貨に換える需要よりも強いことになります。

> **POINT**
>
> 間接投資収支が黒字の国 ＝ 外貨を自国通貨に換える需要が強い
>
> 間接投資収支が赤字の国 ＝ 自国通貨を外貨に換える需要が強い

ミセス・ワタナベって誰？

為替市場で注目を集める間接投資の1つに個人投資家の動きがあります。日本では長い間、銀行預金の金利がゼロに非常に近い状態が続いているため、より高い金利収入を得ようと、外国の債券を買い入れる個人投資家層が増える傾向にあります。

新聞や雑誌などで「ミセス・ワタナベ」という名前を聞いたことはないでしょうか。ミセス・ワタナベとは主に為替市場でうわさになる〝人物〟で、その正体は高い金利を求め、円を売り、代わりに外貨を買う個人投資家です。

FXが流行した2006年から2007年に、日本の主婦がFXを通じて為替取引をする状況に驚いた海外メディアが、日本の個人投資家をそう呼んだと言われています。

今でも、東京市場で円を売る動きが強まると、ミセス・ワタナベ(つまり日本の個人投資家)が円売り取引を主導した、などと報じられることがあります。

国際収支統計で実需の動きをチェックしよう！

▶ 新聞情報をさらに詳しく見るには

　ここまで、為替取引の実需をみる場合、①モノの貿易、②サービスの貿易、③海外の利子・配当、④直接投資、⑤間接投資の５つのチェック項目があることをお話ししました。

　では実際に日本が毎月どれくらいの貿易をしているのか、そのデータを見る方法をお教えしましょう。

　一番簡単に見つかるのは、**新聞などの報道**です。「〇月の貿易赤字、4000億円減少」「2014年の経常収支、2.6兆円の黒字」などというふうに年間や月間の統計がよく報道されています。

　今述べた貿易収支などの５項目が記事に出てきたら、その動向が為替レートをどちらの方向に動かすかをぜひ考えてみてください。

　新聞記事よりもさらに詳しいデータを見たい方は、財務省のHPを開くと、次のような国際収支統計の一覧表が公表されています(財務省には多くの詳細なデータがありますが、ここに示した表は「報道発表資料」として公表されているものです)。

第 3 章
通貨の需要を生み出す「実需」について知っておこう

国際収支状況（速報）
Balance of Payments(Preliminary)

（単位：億円 ,%）
(¥100 million, %)

項目	2 月 February	前月 Previous month	前年同月 Previous year	Item
貿易・サービス収支 （**対前年同月比**）	-2,518 (**-66.0**)	-12,654 (**-54.9**)	-7,398 (**2 .8**)	Goods & services (**Changes from previous year**)
貿易収支 （**対前年同月比**）	-1,431 (**-75.0**)	-8,642 (**-64.2**)	-5,729 (**6 .0**)	Goods (**Changes from previous year**)
輸　出 （**対前年同月比**）	59,588 (**0 .4**)	63,324 (**15.6**)	59,356 (**15.6**)	Exports (**Changes from previous year**)
輸　入 （**対前年同月比**）	61,020 (**-6.2**)	71,966 (**-8.9**)	65,084 (**14.7**)	Imports (**Changes from previous year**)
サービス収支 （**対前年同月比**）	-1,087 (**-34.9**)	-4,013 (**3.0**)	-1,669 (**-6.8**)	Services (**Changes from previous year**)
第一次所得収支 （**対前年同月比**）	18,622 (**27.5**)	14,129 (**5.3**)	14,602 (**3.4**)	Primary income (**Changes from previous year**)
第二次所得収支 （**対前年同月比**）	-1,702 (**40.1**)	-861 (**34.9**)	-1,215 (**209.3**)	Secondary income (**Changes from previous year**)
経　常　収　支 （**対前年同月比**）	14,401 (**140.5**)	614 (**ー**)	5,988 (**-8.2**)	Current account (**Changes from previous year**)
資本移転等収支	-68	-137	57	Capital account
直接投資	12,893	12,230	8,474	Direct investment
証券投資	10,203	18,759	8,942	Portfolio investment
金融派生商品	2,793	5,666	994	Financial derivatives (other than reserves)
その他投資	-4,365	-39,286	-26,940	Other investment
外貨準備	1,877	-953	5,805	Reserve assets
金　融　収　支	23,402	-3,584	-2,725	Financial account
誤　差　脱　漏	9,069	-4,061	-8,770	Net errors and omissions

（備考）四捨五入のため、合計に合わないことがある。
(Note)Totals may not add due to rounding.

　国際収支統計は複雑で難しそうに見えますが、その骨格を簡単に表したのが次の図です。

国際収支統計はここだけ見る

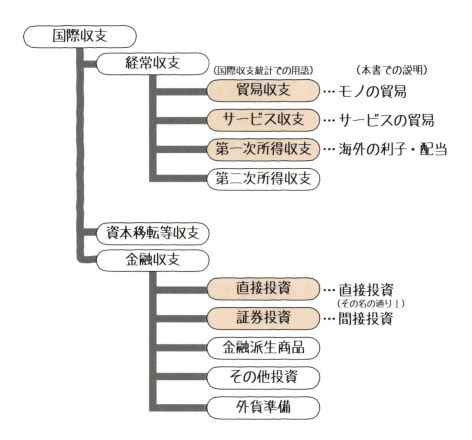

「モノの貿易」が「貿易収支」と表現されるなど、これまでに説明した5項目の用語が国際収支統計では別の言葉になっていますが、意味するところは同じです。国際収支統計を見るときもこの5項目に注目すれば、為替取引の実需の動きがわかり、為替レートを予想するときの助けになります。

第3章
通貨の需要を生み出す「実需」について知っておこう

国際収支統計の見方①
～貿易収支のチェックポイント

▶ まずは黒字か赤字かを確認しよう

　モノの輸出入の動きを示す貿易収支は、外国との経済活動を示す重要な経済指標と考えられています。

　為替市場では、貿易収支が黒字なのか赤字なのかが注目されます。貿易収支が黒字の国は外貨を自国通貨に換える需要が強いことから自国通貨が上がりやすいといえ、逆に貿易収支が赤字の国は自国通貨が下がりやすいといえます。

> **POINT**
>
> 貿易収支が黒字なのか赤字なのかが注目される

▶ 貿易収支の変化にも注目する

　一般に、貿易収支の黒字が増える、もしくは赤字が減る方向に変わることを、貿易収支が「改善した」といいます。逆に、黒字が減る、もしくは赤字が増える方向に変わると、貿易収支は「悪化した」といわれます。

　貿易収支が改善する傾向にあることは、外貨を自国通貨に換える需要が強まっていることを意味します。そのため、自国通貨はより上がりやすくなる、もしくは下がりにくくなると判断されます。

　逆に貿易収支が悪化する傾向にあることは、外貨を自国通貨に換える需要が弱まっていることを意味します。自国通貨は以前ほど上

がりにくくなる、もしくは下がりやすくなるといえるのです。

> **POINT**

貿易収支が改善する	→	自国通貨が上がりやすい（もしくは下がりにくい）
貿易収支が悪化する	→	自国通貨が下がりやすい（もしくは上がりにくい）

▶ 輸出と輸入に分けて、今後を占う

　貿易収支の変化を輸出と輸入に分けて考えてみましょう。

　貿易収支は輸出から輸入を差し引いたものです。そのため、**輸出が増える傾向にある、もしくは輸入が減る傾向にある場合、貿易収支は改善しやすいと考えられます。逆に、輸出が減る傾向にある、もしくは輸入が増える傾向にある場合、貿易収支は悪化しやすくなるといえます。**

> **POINT**

輸出が増える傾向にある、輸入が減る傾向にある	→	貿易収支が改善しやすい
輸出が減る傾向にある、輸入が増える傾向にある	→	貿易収支が悪化しやすい

　輸出や輸入の増減を知るには、まず前年比をみることが基本です。前年比とは、前の年の数値と比べることで、プラスの場合は前の年より増えたことを意味し、マイナスの場合は減ったことを意味します。

第3章
通貨の需要を生み出す「実需」について知っておこう

　前年比のプラス幅やマイナス幅をみることで、輸出や輸入が、どの程度のペースで増えているのか（もしくは減っているのか）を知ることもできます。

国際収支統計の見方②
〜サービス収支のチェックポイント

▶ 貿易収支と同じ要領で見ていく

　サービスの貿易動向を示すサービス収支の見方も、貿易収支と同じです。

　サービス収支が改善する傾向は、外貨を自国通貨に換える需要が強まっていることを意味します。そのため、自国通貨はより上がりやすくなる、もしくは下がりにくくなると判断されます。

　逆にサービス収支が悪化する傾向にあると、外貨を自国通貨に換える需要が弱まっていることを意味します。自国通貨は以前ほど上がりにくくなる、もしくは下がりやすくなるといえます。

POINT

サービス収支が改善する	→	自国通貨が上がりやすい（もしくは下がりにくい）
サービス収支が悪化する	→	自国通貨が下がりやすい（もしくは上がりにくい）

　ただ、サービス収支の動向だけが為替市場に大きな影響を及ぼすことはありません。ほとんどの国で、サービス貿易の規模はモノの

貿易の規模よりはるかに小さいからです。

このため**為替市場では、モノだけの貿易収支か、モノとサービスの両方の貿易収支（貿易・サービス収支と呼ばれます）の結果が注目されます。**

9 国際収支統計の見方③
〜第一次所得収支のチェックポイント

▶ グローバルマネーの動きがわかる

国全体での海外の利子・配当の動きを知るためには、受け取りと支払いのそれぞれの金額だけでなく、**受け取り額から支払い額を差し引いた額（差額）もみることが大事です。**

この差額は、国際収支統計では第一次所得収支と呼ばれます。

海外の利子・配当の

受け取り額 ― 支払い額

＝ 第一次所得収支

第一次所得収支には、海外の利子・配当のほかに、海外で働いた自分の国の人の賃金から、自分の国で働いた海外の人の賃金を差し引いた金額も加えられています。

ただ、先進国を中心に多くの国では、賃金よりも配当や利子が第一次所得収支の大部分を占めるため、この本では第一次所得収支が、実需における海外の利子・配当を示す指標と考えます。

第3章
通貨の需要を生み出す「実需」について知っておこう

第一次所得収支の黒字・赤字ってどういう意味？

第一次所得収支は、海外の利子・配当の受け取りが海外の利子・配当の支払いを上回る（所得収支はプラスとなる）時、黒字といいます。逆に支払いが受け取りを上回る（所得収支がマイナスとなる）時、赤字といいます。

POINT

第一次所得収支とは海外の利子・配当の受け取りから海外の利子・配当の支払いを差し引いた金額

第一次所得収支が黒字	=	海外の利子・配当の受け取りが海外の利子・配当の支払いを上回っている
第一次所得収支が赤字	=	海外の利子・配当の支払いが海外の利子・配当の受け取りを上回っている

第一次所得収支が黒字の国は、海外の利子・配当の受け取りが海外の利子・配当の支払いを上回っていることから、国全体でみた場合、外貨を自国通貨に換える需要が、自国通貨を外貨に換える需要よりも強いことになります。

逆に第一次所得収支が赤字の国は、自国通貨を外貨に換える需要が、外貨を自国通貨に換える需要よりも強いことになります。

POINT

第一次所得収支が黒字の国	＝外貨を自国通貨に換える需要が強い
第一次所得収支が赤字の国	＝自国通貨を外貨に換える需要が強い

第一次所得収支の変化にも注目する

第一次所得収支の変化に関する見方も、貿易収支やサービス収支

と同じです。

　第一次所得収支の黒字が増える、もしくは赤字が減る方向に変わることは、第一次所得収支が「改善した」といいます。逆に、黒字が減る、もしくは赤字が増える方向に変わることは、第一次所得収支は「悪化した」といいます。

　第一次所得収支が改善する傾向にあることは、外貨を自国通貨に換える需要が強まっていることを意味しますので、自国通貨はより上がりやすくなる、もしくは下がりにくくなると判断されます。

　逆に第一次所得収支が悪化する傾向にあると、外貨を自国通貨に換える需要が弱まっていることを意味しますので、自国通貨は以前ほど上がりにくくなる、もしくは下がりやすくなるといえます。

> **POINT**
>
> 　第一次所得収支が改善する　→　自国通貨が上がりやすい（もしくは下がりにくい）
>
> 　第一次所得収支が悪化する　→　自国通貨が下がりやすい（もしくは上がりにくい）

10 国際収支統計の見方④
～直接投資と間接投資のチェックポイント

▶ 資本流入・流出の黒字・赤字ってどういう意味？

　直接投資、間接投資いずれの場合も、海外から自分の国に入ってくる投資（資本流入といいます）もあれば、逆に自分の国から海外

第3章
通貨の需要を生み出す「実需」について知っておこう

へ向かう投資（資本流出といいます）もあります。

　貿易収支や第一次所得収支と同じように、資本流入の金額から資本流出の金額を差し引き、国全体でみて投資（資本）が自分の国に入ってくるのか、それとも自分の国から出て行っているのかを確認することも大事です。

　直接投資や間接投資では、資本流入額が資本流出額を上回っている場合を「黒字」とし、逆に資本流出額が資本流入額を上回っている場合を「赤字」とします。

　そして、これも貿易収支や第一次所得収支などと同じですが、直接投資や間接投資が黒字であれば、外貨を自国通貨に換える需要が自国通貨を外貨に換える需要よりも強いと判断されます。

　逆に赤字であれば、自国通貨を外貨に換える需要が外貨を自国通貨に換える需要よりも強いといえます。

> **POINT**
>
> | 資本流入額が流出額を上回っている国 | = 外貨を自国通貨に換える需要が強い |
> | --- | --- |
> | 資本流出額が流入額を上回っている国 | = 自国通貨を外貨に換える需要が強い |

第4章

実需期待で投機するって、どういうこと？

実需の先行きを読むのに必要なことは？

▶ 実需と投機とでは取引のタイミングが違う

　実需とは「実際の需要」に基づいた取引で生まれる需要のことで、投機とは為替レートの値動きから利益を得ることを目的とした取引で生まれる需要であることを説明しました。

　実需と投機では、取引のタイミングも異なります。

　実需の場合、為替レートが短期間で大きく変わるといったことでもない限り、**取引のタイミングに強くこだわることなく、計画通りにたんたんと為替取引が実施されます。**

　一方、**投機による為替取引の場合、利益を得るために、実需による為替取引（実需取引）より一歩から二歩くらい先に取引をすることが大事となります。**

　たとえば、実需でドルの需要が高まりそうだと予想される場合を考えてみましょう。

　この場合、実需でドルの需要が高まる前にドルを買っておき、その後、実需によってドルの需要が高まり、ドルが上がったところで、あらかじめ買っておいたドルを売れば、そこで利益を得ることができます。

第4章
実需期待で投機するって、どういうこと？

> **POINT**

実需と投機では取引のタイミングが違う

> 実需 ＝ タイミングに強くこだわることはない

> 投機 ＝ 実需による取引よりも先に取引する必要がある

> 過去の統計から予想するのは難しい

　実需取引より先んじて取引をしたいのであれば、実需の動向を示す国際収支統計をみて、実需取引の今後の動向を予想することが考えられます。しかし、残念ながら**国際収支統計だけで実需の先行きを予想するのは難しい面があります。**

　なぜなら国際収支で示されるデータは、すべて過去のものだからです。国際収支統計だけから実需の先行きを予想することは、過去の傾向が今後も続く、ということを前提としなければなりません。ところが、なんらかの事情で実需の先行きが、過去の傾向と大きく異なることもあり得ます。この結果、国際収支統計をもとにした予想は、大きく外れることになります。

　けれども、ご安心ください。実需が、何の理由もなく変わることはありません。実需は、貿易や投資といった経済活動に基づくものですから、貿易や投資と連動性の高い別の数値をチェックすることで実需の先行きを予想する手掛かりを得ることができます。

　貿易や投資と連動性が高く、市場関係者が注目している数値は、「景気」「物価」「金利」の3つです。これら3つは、第2章で説明した実需期待（実需の動きに変化を与えると考えられる情報）に当たります。以下では、「景気」「物価」「金利」が、実需の先行きに

どのような影響を与えるかを説明します。

> **POINT**
>
> 実需の先行きを考えるには「景気」「物価」「金利」に注目する

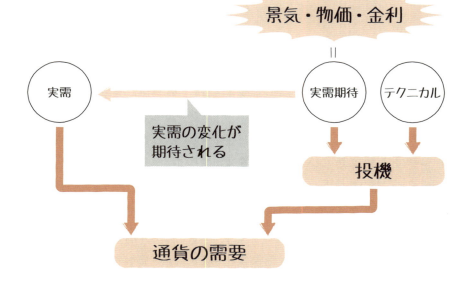

２ 景気が良くなると実需はどうなる？

▶ 景気の意味を説明できますか？

　景気は、天気や病気などと同じくらい人々の話題にされることが多い言葉です。ただ天気や病気と違い、景気という言葉の定義をきちんと説明できる人はあまり多くありません。

第4章
実需期待で投機するって、どういうこと？

　景気は、人々や企業の経済活動全体を意味します。よって、よく耳にする「景気が良い」という言葉の意味は、景気を経済活動全体という言葉に置き換えて「経済活動が活発である（良い）」と考えることができます。

　景気が良い国では、その国の通貨の需要は強まりやすい傾向にあります。

　景気が良くなる、つまり経済活動が活発になれば、それだけビジネスチャンスが広がります。その国の人々や企業だけでなく、海外の人々や企業もその国に投資をする動きを強めようとします。結果として、その国への直接投資や間接投資が増えることになり、その国の通貨の需要が強まるのです。

景気が良い国の貿易収支は悪化する!?

　注意が必要なのは、景気が良い国の貿易収支は悪化する（貿易収支の黒字が減ったり、貿易収支の赤字が増える）傾向にあることです。景気が良いと、企業が事業を拡大させようとより多くの人を雇い入れ、より多くの人が給料を受け取ることになります。

　受け取る給料が多くなれば、人々はそれだけ買い物（消費）を増やします。このため、景気の良い国では輸入が増えやすくなり、結果として貿易収支が悪化するのです。

　貿易収支が悪化すれば、自国通貨を外貨に換える需要がより強くなりますので、「景気が良い国の通貨の需要は強まりやすい」という先ほどの説明と矛盾することになります。

91

しかし、「**景気が良くなることで貿易収支が悪化し、自国通貨を外貨に換える需要**」より、「**景気が良いために直接投資や間接投資が増え、そのために外貨を自国通貨に換える需要**」のほうが**上回ることの方が多い**のです。これは、ほとんどの国で当てはまる現象です。

このため、景気が良い国では通貨の需要が強まる、と考えて問題ありません。

POINT

　　景気が良くなる　＝　その国の通貨の需要は強まる

3　景気を確認する経済指標を見てみよう

▶ 経済指標は経済活動の活発さを表すもの

景気の良し悪しを判断するには経済指標を確認することが大事です。経済指標とは、さまざまな経済活動を数値で表したもので、数字の変化を見ることで、景気の変化を知ることができます。

ここでは、景気に関する代表的な経済指標であり、為替市場で注目を集めるものとしてGDP、景況感調査、雇用、小売売上高、鉱工業生産指数をご紹介します。

▶ 経済指標❶ GDP

GDPとは国内総生産という言葉の英語の名称（Gross Domestic

第4章
実需期待で投機するって、どういうこと？

Product）を略した用語です。GDPはその国で作り出されたモノやサービスの価値を合計したもので、多くの国では3カ月間（四半期）のGDPが発表されます。

　GDPには名目と実質の2種類があります。景気の実勢を知るには物価変動の影響を取り除いた実質の方が適しているとされており、**為替市場でも実質GDPに注目が集まります**（名目と実質の違いについては付録を参照）。

　為替市場に限らず株式や債券といった金融市場では、500兆円といったGDPの水準ではなくGDPの伸びが注目されます。特に前の四半期（前期）からの伸びを示した前期比は、直近の景気動向を示す指標として大きな注目を集めます。

　GDPが増えることは、その国の景気が良くなっていることを意味します。逆にGDPが増えにくくなっている、もしくは減っている国の景気は悪くなっていると判断されます。

　こうしたことから、GDPが大きな伸びを示した国の通貨は、為替市場で上がりやすくなります。逆にGDPの伸びが小さい場合、その国の通貨は下がりやすくなると考えられます。

POINT

GDPの伸びが大きい（小さい）
国の通貨　　　　＝　上がりやすい（下がりやすい）

経済指標❷景況感調査

　GDPは国全体の経済活動を示す経済指標として広く使われていますが、3カ月に一度しか発表されないほか、発表されるまでに時間がかかるという欠点があります。

そこで市場関係者は、常に最新の情報を求めるため、GDP以外の経済指標で景気動向を確認しようとします。

市場関係者が重視する景気関連の経済指標の代表例は、景況感調査です。
景況感調査とは、景気の状況についての感覚をアンケート形式で尋ねた結果をまとめたもので、「マインド調査」と呼ばれることもあります。

景況感調査は大きく2つに分けられます。

①企業景況感調査……企業経営者や企業の仕入れ（購買）担当者を対象に、自分の事業の状況を中心に尋ねたもの。

企業経営者や購買担当者は、自分の事業の状況やモノやサービスの流れを日々実感する立場にいます。その回答を取りまとめることで、企業の経済活動の様子を知ることができ、その様子から景気の変化を知ることができます。

②消費者マインド調査……消費者（個人）を対象に、自身の給与や買い物に対する意欲などを尋ねたもの。

消費者は、日々の買い物などを通じて景気を肌で感じています。人によって景気に対する感覚は異なりますが、数多くの回答を取りまとめることで消費者の平均的な実感を知ることができ、その動きをみることで景気の変化を知ることができます。

景況感調査は先進国を中心に数多く公表されています。その多くは毎月発表されており、調査が実施された翌月には発表されます。

第4章
実需期待で投機するって、どういうこと？

このため、GDPよりも頻繁にかつ早いタイミングで景気動向を知ることができるのです。たとえば日本銀行が3カ月ごとに発表する「日銀短観」は日本の代表的な（企業）景況感調査です。

景況感調査の多くは水準で示されます。水準が高ければ、それだけ景気が良く、逆に水準が低くなれば、それだけ景気が悪くなっているという意味です。日銀短観の場合、企業の景況感を表すためにゼロを分岐点にマイナス100からプラス100の間の数値で示されます。

景況感調査の水準が高くなった時はその国の通貨は上がりやすく、逆に水準が低くなった時はその国の通貨は下がりやすい傾向にあります。

> **POINT**
>
> 景況感調査の水準が
> 高くなった（低くなった）国の通貨　＝　上がりやすい（下がりやすい）

＞ 経済指標❸雇用

景気の良し悪しを判断する基準の1つに雇用があります。雇用とは「雇って用いる」の言葉通り、会社が人を雇って労働してもらうことです。雇用が良い、ということは、会社で働く人が多い、という意味となり、より多くの人が給料（賃金）をもらうことも意味します。

雇用の良し悪しは、人々の気持ち（マインド）にも影響します。 働く人が増えれば、社会に活気が生まれ、より多くの買い物（消費）をすることに前向きになります。逆に自分や周りの人々がリストラされ失業の身となれば、将来に備えて、買い物（消費）を手控える気持ちが強

まるでしょう。

　雇用の良し悪しは景気にも大きな影響を与えます。雇用が良くなると消費者の気持ちが前向きになるばかりでなく、会社で働く人が増えて消費がさらに拡大します。消費が増えて企業の売り上げや利益が増えれば、企業はより多くの人を雇ったり、設備により多くのお金を使うようになると期待されます。

　雇用に関する経済指標はたくさんありますが、代表的なものは、失業率と雇用者数の２つです。

①失業率……働くことができ、かつ働く意思のある人（労働力人口）に対する失業者（職のない人）の割合です。失業率が高ければ高いほど職のない人の割合が高いことを意味しますので、雇用は悪いと判断されます。逆に失業率が低ければ低いほど、職のない人の割合は低く、雇用は良いと判断されます。

②雇用者数……その名の通り、雇用されている人の数、つまり会社で働いている人の数です。雇用者数は○○万人と水準でみるのではなく、前月や前年からどの程度増えたか、もしくは減ったかに注目します。雇用者数が増えていれば雇用は良いと判断され、逆に雇用者数が減っていれば雇用は悪いと考えます。

　失業率が下がったり、雇用者数が増えるなど、国全体の雇用が良いと判断されれば、その国の景気は良いとされ、その国の通貨は上がりやすくなります。逆に雇用が悪いと判断された国の通貨は下がりやすくなります。

　米国やヨーロッパでの雇用に関する経済指標は、為替市場で大き

第4章
実需期待で投機するって、どういうこと？

く注目されます。米国やヨーロッパでは経済全体に占める消費の割合が高く、消費動向が景気全体に大きな影響を与えるからです。

　なかでも米国の雇用情勢を示す「雇用統計」は、為替だけでなく、株式や債券といったさまざまな金融市場で大きく注目されます。雇用統計の結果が発表された後、為替レートがドルを中心に大きく動くことは珍しくありません。

> **POINT**

失業率が下がった（上がった）国の通貨	＝ 上がりやすい（下がりやすい）
雇用者数が増えた（減った）国の通貨	＝ 上がりやすい（下がりやすい）

❯ 経済指標❹小売売上高

　小売売上高とはコンビニやスーパー、デパートといった小売店での売上高を国全体でまとめた（集計した）金額です。

　最近ではネットでの買い物が普及しているとはいえ、日々の買い物の多くは小売店でなされています。このため小売売上高は、国全体の買い物の状況を示しているといえます。

　小売売上高は、○○万円といった金額ではなく、前の月や前の年からどの程度増えたか、もしくは減ったかが注目されます。

　小売売上高が増えていれば、その国の消費（買い物の金額）は増えている、つまり景気も良いと考えられます。

　逆に小売売上高が大きく減っていれば、その国の景気は悪いと考えられます。

POINT

| 小売売上高が
増えた（減った）国の通貨 | ＝ 上がりやすい（下がりやすい） |

▶ 経済指標❺鉱工業生産指数

鉱工業生産指数とは、鉱業や製造業での生産活動の活発さを示す経済指標です。 鉱業や製造業の生産動向は、その国の経済活動、つまり景気と密接に連動します。

最近では、米国や日本など先進国を中心に経済のサービス化が進み、鉱業や製造業が経済全体に占める割合は低下しています。

しかし、たとえ先進国であっても、鉱業や製造業の活動が景気と連動する傾向に変わりはありません。このため鉱工業生産指数は、景気の状況を的確に示す経済指標として市場関係者から大きく注目されています。

鉱工業生産指数が上がっている時は、鉱業や製造業の生産活動が活発になっていることを意味しますので、その国の景気は良いと判断されます。

鉱工業生産指数は、ある時点を基準とした指数として発表されるため、水準が重視されることはほとんどありません。代わりに鉱工業生産指数が、前の月や前の年からどの程度上がったか、もしくは下がったかが重視されます。

鉱工業生産指数が上がった場合、その国の景気は良いと判断され、その国の通貨は上がりやすくなります。逆に鉱工業生産が下がった場合、その国の景気は悪いと考えられ、その国の通貨は下がりやすくなります。

第 4 章
実需期待で投機するって、どういうこと？

POINT

| 鉱工業生産指数が上がった（下がった）国の通貨 | ＝ 上がりやすい（下がりやすい） |

4 物価が上がると円安になる？ 円高になる？

▶「一物一価」の世界で考えてみよう

　物価は、その名の通りモノの値段のことです。物価には、形のある物体を指す「物」という言葉が使われていますが、形はないものの、売り買いがなされるサービスなどの価格も物価の 1 つと考えます。

　じつは、為替レートは物価とおおいに関係があるとする見方があります。それによると物価が上がる国では、その国の通貨の需要が弱くなる傾向にあります。逆に物価が下がる国では、その国の通貨の需要は強くなる傾向にあります。

　これは「一物一価の法則」という考え方で説明されます。**「一物一価の法則」とは、同じ製品が同じタイミングで販売されるのであれば、どこの場所（国や地域）であっても同じ価格である、という考え方です。**

　一物一価の法則が成り立つ世界において、物価が変わると為替レートがどう動くかを考えてみましょう。

　たとえば、スマホやタブレットといった製品は、どこの国で販売されていても、同じ機種であれば（言語の部分を除けば）同じ性能

を持つと考えられます。

　世界中で大ヒットしているスマホが日本と米国で売られているとします。このスマホの価格は、日本では5万円、米国では500ドルです。

　日本語と英語の違いはあるのかもしれませんが、このスマホは同じものですから、日本で使おうと米国で使おうと同じ性能を持つと考えられます。ここで「一物一価の法則」が成り立つなら、

5万円＝500ドル

です。それをもとに計算すると、円とドルの関係は、

100円＝1ドル

になります。

▶ 米国だけ値上げしたら？

　1年後、スマホの価格が日本では変わらないのに、米国でだけ550ドルに値上がりしたとします。「一物一価の法則」が成り立つなら、

5万円＝550ドル

となりますので、円とドルの関係は、

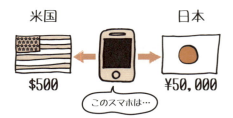

第 4 章
実需期待で投機するって、どういうこと？

5 万円 ÷ 550 ドル = 90. 9 円 = 1 ドル

もしくは

550 ドル ÷ 5 万円 = 0.011 ドル = 1 円

なので

1 円 = 0.011 ドル　つまり　100 円 = 1.10 ドル

です。

　1 年前は 100 円 = 1 ドルだった為替レートが、米国のスマホだけ価格が上がったことで 90. 9 円 = 1 ドルとなりました。それは米ドルの価値が 100 円から 90. 9 円に下がった、つまりドル安（円高）になったことを示しています。

　米国でのスマホの価格が上がったことで、同じスマホを買うのに、より多くのドルが必要となりました。これは、**米ドルで何かを買うことができる力（購買力といいます）が下がったと考えられます。**

　一方で日本ではスマホの価格は変わらなかったわけですから、日本円の購買力は変わりません。**購買力が下がった通貨（ここでは米ドル）の需要は弱くなると考えられます。**

POINT				
一物一価の法則が成り立つのであれば				

物価が上がる	=	その国の通貨の購買力が下がる	=	その国の通貨の需要が弱くなる	=	その国の通貨は下がる

＞ 日本だけ値下げしたら？

　次に、米国のスマホの価格は変わらないのに、日本のスマホの価格が下がった場合を考えてみましょう。

　日本で5万円で売られていたスマホが、1年後に4万円に値下げされたとし、米国で500ドルで売られていたスマホは、1年後も500ドルのままだったとします。

　さきほどと同じように、ここで「一物一価の法則」が成り立つのであれば、

4万円 = 500ドル

となりますので、円とドルの関係は、

4万円 ÷ 500ドル = 80円 = 1ドル

1ドル
＝
80円

もしくは

100円 = 1.25ドル

となります。

1年前は100円＝1ドルだったのに、日本のスマホだけ価格が下がったことで100円＝1.25ドルとなり、日本円の価値が1ドルから1.25ドルに上がった、つまり円高になったことがわかります。

日本でスマホの価格が下がったことで、より少ない日本円で米国と同じ性能のスマホが買えるようになりました。つまり、**日本円の購買力が上がったことになります。**

一方、米国ではスマホの価格は変わらなかったわけですから、米ドルの購買力は変わっていません。**日本円の購買力だけ上がったわけですから、円への需要は強まると考えられます。**

> **POINT**
> 一物一価の法則が成り立つのであれば
>
> | 物価が下がる | ＝ | その国の通貨の購買力が上がる | ＝ | その国の通貨の需要が強くなる | ＝ | その国の通貨は上がる |

5 物価を確認する経済指標を見てみよう

▶ 消費者物価指数と生産者物価指数

物価は経済活動や生活に密接に関連するため、世界のほとんどの国が物価関連の経済指標を発表しています。

代表的な物価指標は、消費者物価指数と生産者物価指数です。いずれの指標も○○円といった金額ではなく、基準時点を 100 とした指数で示されます。

消費者物価指数は、消費者が実際に買う段階でのモノやサービスの価格を対象とした物価指標です。英語の頭文字を使って CPI（Consumer Price Index）と略される場合もあります。

生産者物価指数は、企業で作り出されたモノやサービスが問屋やスーパーといった流通業者に販売された時点での価格を対象とした物価指標です。英語の頭文字を使って PPI（Producer Price Index）と略される場合もあります。

モノやサービスは企業で作り出され、流通網を通じて消費者に届けられます。物価になんらかの変化が起きた場合、どこの国でも、まずは生産者物価指数が動き、その後に消費者物価指数が動く傾向があります。

このため、生産者物価指数は消費者物価指数の今後の動きを予想する際に使われることがあります。

❯ 前年比に注目して判断する

消費者物価指数などの物価指標は、水準そのものより、前の年と比べて上がったのか下がったのかを示す前年比が注目されます。

物価指標の前年比がプラスの場合、物価が前の年から上がっていることを意味します。プラス幅が大きければ大きいほど、物価が上がるペースが速いことになります。

逆に物価指標の前年比がマイナスの場合、物価が前の年から下がっていることを意味し、マイナス幅が大きいほど、物価が下がるペースが速いことになります。

物価が上がるペースが速い国では、通貨の購買力が急速に低下していることを意味します。この結果、その国の通貨の需要は弱くなると考えられ、通貨は下がりやすくなります。

逆に物価がほとんど上がらなくなったり、物価が下がる国では、通貨の購買力が上がっていることになります。このため、その国の通貨の需要は強くなると考えられ、通貨は上がりやすくなります。

> **POINT**
> | | | |
> |---|---|---|
> | 物価が上がるペースが速い | ＝ | その国の通貨は下がりやすくなる |
> | 物価がほとんど上がらない、もしくは下がっている | ＝ | その国の通貨は上がりやすくなる |

6 金利が変わると実需も変わる

▶ 金利の基本を知っておこう

　金利とは、お金の貸し借りの際に受け取る（借りた場合は支払う）お金の利用料（利子）のことです。一般に金利は、貸し借りに使われるお金の金額（元本）に対する利子の割合で表示されます。

　たとえば、銀行が企業に100万円を1年間貸し、企業は1年後に銀行にお金を返すとしましょう。企業はお金を返す時に、元本100万円とは別に、利子2万円を支払いました。

　企業が借りた元本に対する利子が（2万円）の場合、金利は2％（2万円÷100万円）となります。

金利が高い国に預金が集まると…

　金利は世界各国で異なります。国によって景気や物価など経済情勢が異なるからです。日本では長い間、銀行預金の金利がゼロに限りなく近い水準のままですが、ブラジルやインドネシアといった新興国では、銀行預金に10%以上の金利が付くこともあります。

　金利は通貨の需要に大きな影響を与えます。

　たとえば、ある日突然、米国の金利が10%に上昇したとします。当然、米国の銀行に預けたことで得られる利子も、これまでの何倍も増えることになります。

　そうなると世界の人々が、米国の銀行に預けようとするでしょう。この結果、米国への間接投資が増え、ドルの需要が強まると考えられます。

　これは米国だけでなく、日本など他の国でも同じことが言えます。日本の金利が高ければ、日本の銀行にお金を預けようとする動きが強まり、日本円の需要が強まるでしょう。

　つまり金利の高い国ほど、その国の通貨への需要が強まるといえます。逆に金利の低い国の通貨は、需要が弱くなると考えられます。

> **POINT**
>
> 金利が高くなる（低くなる）　＝　その国の通貨の需要は強まる（弱まる）

第 5 章

為替には政府・中銀の意向も反映される

国にとって望ましい為替レートはあるか？

▶ 為替レートが動くとどうなるか

　為替レートが動くと、輸出や輸入が増減するだけでなく、私たちの生活全般に影響が及んできます。

　自分の国の通貨が安くなる（日本の場合は円安になる）場合、その国の輸出企業の採算性は良くなります。

　たとえば、1ドル＝100円だったドル円レートが、ある日1ドル＝200円に変わった、つまり円安になった場合を考えてみましょう。

　この場合、日本の輸出企業は利益が増えると期待できます。輸出される製品（たとえばリンゴ）の価格がドル建てで1個1ドルだとすると、円建てでみた価格は、以前の価格（100円）の2倍（200円）に変わるからです。製品（リンゴ）を作るコストは急には変わりませんから、価格が2倍に上がった分の多くは、そのまま日本の輸出企業の利益となります。

　反対に輸入企業の採算性は悪くなります。しかし、ほとんどの国では、輸出企業と輸出入をほとんどしない企業の両方を足し合わせた売上高、利益、そこで働く人々の数などは、輸入企業よりも大きいのが一般的です。**このため国全体で考えた場合、自分の国の通貨が安くなることで、その国の景気は良くなると考えられます。**

　一方、物価については、日本のように商品や原料の多くを輸入に頼る国ほど、為替レートが物価に与える影響は大きくなります。

第 5 章
為替には政府・中銀の意向も反映される

　為替レートが景気や物価に与える影響を考えれば、景気の悪い国ほど、政府・中銀は自分の国の通貨が安くなることが好ましいと考えると推測できます。反対に、物価が上がり過ぎる（インフレの）国では、政府・中銀は自分の国の通貨が高くなることが好ましいと考えると推測できます。

POINT

景気が悪い国の政府・中銀	＝	自分の国の通貨が安くなることが望ましいと考える
物価が上がり過ぎる（インフレの）国の政府・中銀	＝	自分の国の通貨が高くなることが望ましいと考える

2 金融政策が為替に与える影響

中央銀行とは

　中央銀行とは、その国・地域で利用される通貨を発行し、通貨の発行量や金利などを調整することで、物価や景気を安定的にしようとする公的な組織です。必要な場合には、一般の銀行に対して資金を貸し出すこともしますので、「最後の貸し手」とか「銀行の銀行」などと呼ばれることもあります。

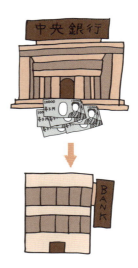

中央銀行には、いくつかの役割があります。**その中でも重要とされているのが、①物価を安定的にする、②景気を良い状態にする、の2つです。**中央銀行は、この2つの役割を果たすために通貨や金融の調整を行います。これは「金融政策」と呼ばれます。

金融政策のツールである政策金利とは

一般には、世の中に出回っているお金の量が多いと物価が上がりやすいと考えられ、反対にお金の量が少ないと物価は上がりにくい、もしくは下がりやすくなると考えられています。**そこで中央銀行は金融政策の一つとして、政策金利と呼ばれる金利を変えることで、世の中に出回っているお金の量を調整します。**

世の中にはいろいろな金利がありますが、金利の高さ（水準）を決める大事な要素が短期、長期といった期間です。貸したお金が返ってくる時（満期）までの期間が短ければ短いほど、それが返ってくる可能性が高いと考えられますので、金利は低くなります。

またお金を借りる側の信用力が高ければ高いほど、金利が低くなります。信用力とは、貸したお金を返してくれる能力のようなもので、借金の額や年収などで判断されます。信用力が高いほど、貸したお金が返ってくる可能性が高くなると考えられますので、金利が低めになるのです。

政策金利は通常、満期が翌日（明日）で、銀行に対してお金を貸す時に使われる金利です。満期が翌日であり、通常は信用力が最も高いとされる銀行に対して使われることから、政策金利は、その国で最も低い金利であることがほとんどです。このため、政策金利が上がれば、他の金利も上がることがほとんどで、反対に政策金利が下がれば、他の金利も下がることになります。

中央銀行は政策金利を調整することで、その国のさまざまな金利に影響を与えようとします。

政策金利が物価と景気をコントロール

中央銀行が政策金利を引き上げると、銀行がお金を借りにくくなるため、個人や企業もお金を借りにくくなり、最終的には世の中に出回っているお金の量も増えにくくなります。

反対に中央銀行が政策金利を引き下げると、お金を貸す側にある銀行が中央銀行からお金を借りやすくなりますので、個人や企業にもより多くのお金を貸そうとします。

また政策金利が下がれば、他の金利も連動して下がりやすくなるので、個人や企業は金利負担が軽くなり、より多くのお金を借りようとします。結果として、世の中で出回るお金の量は増えると予想されます。

中央銀行はこうした仕組みを使います。**つまり物価が上がり過ぎたと判断すれば、中央銀行は政策金利を引き上げ、世の中に出回るお金の量を増えにくくし、物価が上がりにくくなることを狙います。**反対に、物価が上がりにくくなったり、下がったりするようだと、中央銀行は政策金利を引き下げ、世の中に出回るお金の量を増えやすく、物価が上がりやすくなるようにします。

また中央銀行は、景気を良い状態にするためにも政策金利を利用します。通常、世の中に出回っているお金の量が多いと景気が良くなると考えられています。そこで中央銀行は、景気が悪くなってきたと判断すると、政策金利を下げることで世の中に出回るお金の量を増やそうとし、景気が良くなるのを助けようとします。

> **POINT**

中央銀行は物価を安定的にするために政策金利を使う

物価が上がり過ぎる	=	政策金利の引き上げ⬆
物価が上がりにくい・下がっている	=	政策金利の引き下げ⬇
景気が悪くなってきた	=	政策金利の引き下げ⬇

　中央銀行は、政策金利などの金融政策の内容を決める会議を定期的に開いています。**たとえば日本銀行の「金融政策決定会合」や米国の中央銀行であるFRB（連邦準備制度）の「FOMC（連邦公開市場委員会）」がそれに当たります。**こうした会議は、一般的には「中銀会合」、「金融政策決定会合」などと呼ばれます。

　中銀会合は、中央銀行の最高意思決定者である総裁や副総裁のほかに、委員と呼ばれる人々で構成されています。

❯ 為替市場で大きく注目される政策金利

　金利は、通貨の需要に大きな影響を与えるため、政策金利の行方は為替市場で大きな注目を集めます。中銀会合の結果が発表された後、為替レートが大きく動くことも珍しくありません。

　中銀会合で政策金利が引き上げられそうだと予想されるなら、その国の通貨の需要は強まると考えられます。なぜなら、政策金利が引き上げられれば、その国の金利が上がり、結果として、外国から流入するお金が増えると考えられるからです。逆に、中銀会合で政策金利の引き下げが予想されると、その国から外国にお金が流出すると考えられ、その国の通貨の需要は弱くなると考えられます。

第5章
為替には政府・中銀の意向も反映される

POINT		
政策金利の引き上げ予想	=	その国の通貨の需要は強まると考えられる
政策金利の引き下げ予想	=	その国の通貨の需要は弱まると考えられる

＞ 政策金利の先行きを予想する

政策金利の先行きを考えることは、為替レートを予想するための重要な要素の1つと言えます。

中央銀行は、物価を安定的にすることや、景気を良い状態にすることを目的に政策金利を変えます。このため、政策金利の先行きを見通したいのであれば、その国の物価や景気の状況を把握することが有効です。

物価の状況を把握するには、経済指標の1つである消費者物価指数（以下、「消費者物価」）をみるのが基本です。 消費者物価の上がるペースが速いようだと、中央銀行は物価が上がりやすくなっていると判断し、政策金利を引き上げようと考えます。逆に消費者物価がほとんど上がらなくなったり、下がり続けるようだと景気に悪い影響を与える可能性も出てくることから、中央銀行は政策金利を引き下げようとします。

POINT

物価が上がるペースが速い	=	政策金利が引き上げられる可能性が高まる
物価がほとんど上がらない、もしくは下がっている	=	政策金利が引き下げられる可能性が高まる

　景気の行方を確認することも、政策金利の先行きを考える際に有効です。GDPや景況感調査によって景気が悪くなってきたことが明らかになると、中央銀行は政策金利を引き下げようと考えます。

　一方、**景気が良くなったとしても、中央銀行は通常、政策金利を引き上げようとはしません。**中央銀行は政策金利を引き上げてまで、良くなっている景気を悪くする必要がないからです。景気が良くなったことで中央銀行が政策金利を引き上げるのは、景気が良くなることで物価も上がりやすくなった場合や、住宅や株といった一部の資産の価格が大きく上昇した（いわゆるバブルになった）場合に限られます。

POINT

景気が悪くなってきた	=	政策金利が引き下げられる可能性が高まる
景気が良くなってきた	=	中央銀行は政策金利を引き上げようとしない

（ただし、物価が上がったりバブルになったりした場合は政策金利を引き上げる）

物価や景気だけでなく、中央銀行の関係者による発言も、政策金利の先行きを考える際に大変参考になります。なかでも最も注目されるのが、中央銀行総裁の発言です。たとえば総裁が、物価の上が

第 5 章
為替には政府・中銀の意向も反映される

るペースに対し不満や懸念を示したとすれば、中央銀行は政策金利を引き上げる可能性が高いと考えられます。また総裁が、景気が悪くなったことを指摘すれば、中央銀行は政策金利を引き下げる可能性が出てきたと考えられます。

そのほか、中銀会合に参加するメンバーの発言も、会合の結果に反映される可能性があるため、市場関係者に注目されています。

> **POINT**
>
> 中央銀行の関係者の発言 ＝ 政策金利の先行きを考える際に参考になる

③ 景気対策が為替に与える影響

▶ 景気対策とは

政府は、景気が悪くなってくると、何とか回復させようと、景気対策を実行します。

景気対策には2つの方法があります。1つは、**減税**です。減税が実施されると、国民にはより多くのお金が手元に残るため、より多くの買い物が期待されます。

もう1つの景気対策は、**政府がより多くのお金を使うこと**です。それは「財政出動」とも呼ばれます。**政府が道路の整備や公共施設などを建てるといった公共事業を増やすのは、代表的な景気対策です。**

そのように政府がより多くのお金を使うと、企業が政府から受け取るお金の額も増えます。企業はそのお金を使って設備投資を積極的に進めるほか、賃金を引き上げる可能性があります。賃金が上がった分は、最終的にはより多くの買い物に回ることが期待されます。

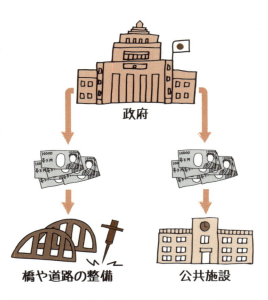

POINT

| 景気対策 | = 政府が景気を良くするために予算を変えること |

| 景気対策の2つの方法 | = ①国民から受け取るお金（税金）を減らすこと
②政府がより多くお金を使うこと |

景気対策は為替と関係があるのか？

景気対策と為替レートの関係をまず〝素直に〟考えてみましょう。景気対策によって経済活動が活発になれば、その国の人々や企業だけでなく、海外の人々や企業も、その国に投資をする動きを強めようとします。結果として、その国への直接投資や間接投資が増えることで、その国の通貨の需要が強まると考えられます。

ただ、じつは、**景気対策が行われても、政府の期待に反して景気が良くならない場合があります。**日本では1990年代の後半から何

度も景気対策が行われましたが、景気が持続的に良くなることはありませんでした。

　対策の規模が不十分で、経済に大きな影響を及ぼさないこともあるでしょう。たとえば日本の政府が、1人100円の減税をしても、それで景気が良くなるとは考えられません。1人100円では規模があまりにも小さいからです。

　対策の中身が、時代遅れなものであり、政府がせっかくお金を使っても、少し時間がたてば景気が再び悪くなってしまう場合もあります。地方で公共施設が多く建てられたものの、その後、それらが十分に利用されなくなったという例もしばしば報道されています。政府が多くのお金を使っても、増えたお金が企業の投資や人々の買い物などに回らなければ、景気が良くなる期間は短いものとなります。

　景気対策の後、実際に景気が良くならないのであれば、通貨の需要が強まることも期待できません。そのため、景気対策が発表されたとしても、それによって本当に景気が良くなるのかどうかを見極める必要があります。景気が良くなるのか、それとも変わらないのか、と見方が分かれるような場合、通貨の需要が強まらないこともあり得ます。

　国によっては、景気対策が行われることで輸入が増え、貿易収支が悪化して、通貨の需要が弱くなることもあります。新興国と呼ばれる国では、景気が良くなるものの、良くなった景気に対応できるほど生産を増やすことが難しいことが珍しくありません。このため、景気が良くなったことで必要となるモノやサービスを輸入に頼ることになり、結果として景気対策の後に輸入が増えることがあるのです。

このように、景気対策が行われても、その国の通貨の需要が強く

なるとは言い切れないのが現実です。政策金利が変われば、他の金利が変わり、最終的には通貨の需要も変わるという関係と比べると、景気対策と為替の関係は不安定なものといえます。

> **POINT**
>
> 景気対策と為替の関係 ＝じつは不安定
>
> ◇景気対策が行われても景気が良くなる
> 　（その国の通貨の需要が強くなる）とは限らない
>
> ◇景気対策によって輸入が増えて、
> 　その国の通貨の需要が弱くなる可能性もある

政府や中銀が為替市場に介入する⁉

▶ 為替市場を望ましい状態にすることが目的

　民間企業や個人投資家だけではなく、政府や中央銀行（中銀）も為替取引をすることがあります。

　政府・中銀が為替取引をするのは、企業や個人投資家のように利益を上げるためではありません。**政府・中銀は為替市場を望ましいと思われる状態にするために為替取引をします。**

　こうした政府・中銀による為替取引は為替市場介入（もしくは単に「介入」）と呼ばれます。

　本来、為替取引は企業や個人投資家などが自由にするもので、為替レートは自由な取引の結果として決まるものです。しかし、自分

の国の通貨が急スピードで大きく上がったり下がったりすると、貿易などの経済活動が大きく損なわれる可能性もあります。

たとえば極端な例ですが、1ドル100円だったドル円が、次の日にいきなり80円と20％もドル安・円高が進んだ場合を考えてみます。

この場合、ドル建てでの輸出金額も変わらなければ、販売数量も変わらないとしても、円建てでみた輸出金額が一気に20％も減ってしまうことになります。

数カ月から1年くらいのペースであれば、輸出金額が減ったとしても企業はなんらかの対応策を考えることもできますが、次の日からいきなり20％も輸出金額が減ってしまうと、対応のしようがありません。

売上高の多くを輸出に頼る企業ほど、苦しい立場に追い込まれ、なかには倒産するところも出てくるでしょう。また、そうした企業で働く人々の給料は減る可能性もあり、場合によっては失業してしまうかもしれません。

政府・中銀としては、このような状態をそのままにしておくわけにはいきません。

もちろん、政策金利を引き下げたり、景気対策を行うことで景気を良くすることも考えられます。しかし、効果が現実のものとなるまでには、どちらもある程度の時間がかかります。効果が表れるのを待っていては、景気がどんどん悪くなる可能性もあります。

そこで政府・中銀は、自ら為替市場に乗り出し、為替取引によって為替レートを望ましいと思われる水準に変えようとします。為替

レートを変えることができれば、短い時間で景気などの経済状況の悪化に歯止めがかかることも期待できます。

> **POINT**
>
> 為替市場介入 ▶ 政府・中銀が為替取引を通じて為替レートを望ましいと思われる水準に変えること

5 為替市場介入には3つのパターンがある

▶ 為替市場介入❶単独介入

　政府・中銀による為替市場介入は❶単独介入、❷協調介入、❸口先介入の3つに大きく分けられます。

　<mark>単独介入とは、その名の通り、ある1つの国の政府・中銀だけが行う介入のことです。</mark>日本の中央銀行である日本銀行が、円高を防ぐために円売りの取引をした、というのは単独介入の典型的な例です。

　単独介入には、その国の政府・中銀が自ら実施する場合のほか、自分の代わりに他の国の政府・中銀に介入を任せる（委託する）場合もあります。

　たとえば、日本銀行が東京市場ではなくニューヨーク市場で介入するために、ニューヨーク連邦準備銀行に介入を任せる例が当てはまります。自分の代わりに他の国の政府・中銀に介入を任せる介入は、委託介入と呼ばれることもあります。

第 5 章
為替には政府・中銀の意向も反映される

▶ 為替市場介入❷協調介入

協調介入とは、複数の政府・中銀がお互いに連絡を取り合い、同じタイミングで介入することです。 単独介入に比べ、より多くの国が参加するため、介入の効果が大きいと言われています。

協調介入として歴史的に知られているのが1985年のプラザ合意に基づいた協調介入です。この年、米国のニューヨークにあるプラザホテルで開かれた日米英独仏5カ国の国際会議で、ドルを安くすることで各国が協調するという合意がなされました。これがプラザ合意です。

プラザ合意に基づき、日米など5カ国の政府・中銀は同時にドル売りの為替介入を行いました。この結果、ドルは円などに対して大きく下落しました。

▶ 為替市場介入❸口先介入

口先介入とは、その名の通り「口先」で介入することで、政府・中銀の幹部などが、実際には為替取引を行わず、自らの考えを示すことだけで為替レートを望む方向に変えようとすることです。

政府・中銀は、いざとなれば為替市場介入ができるわけですから、政府・中銀の関係者の考えを示すだけで、市場関係者に為替市場介入が将来行われると予想させることが可能となります。

口先介入で成功した例の1つは、1990年代初めから2008年のリーマン・ショック前にかけて続けられてきた、米国のドル高政策です。1993年に米国の財務長官に就任したルービン氏は、為替市場でドルが高い状態を続けることが、米国にとって利益（国益）になるという考え（ドル高政策）を打ち出しました。

この考えはその後の財務長官にも引きつがれ、ドル高は米国の国益である、という声明が繰り返し表明されました。この結果、ドルはリーマン・ショック前まで、他の通貨に対して比較的高い水準にありました。

　国際的な会議で為替に関する声明を出すことも口先介入の1つと言えます。2008年10月のG7会合（先進7ヵ国による会合）の声明文には、「円の大きな動きが経済や金融の安定に悪影響を及ぼすことが心配（懸念）されており、場合によっては適切に協力する」という趣旨の文言が盛り込まれました。当時、円は大きく上昇していましたが、この声明をきっかけに為替市場では協調介入に対する警戒感が強まり、円買いの動きが和らぎました。

> **POINT**
>
> **為替市場介入は大きく3つに分けられる**
>
> | | |
> |---|---|
> | 単独介入 | 政府・中銀が単独で為替市場介入をすること |
> | 協調介入 | 複数の政府・中銀が同じタイミングで為替市場介入をすること |
> | 口先介入 | 自らの考えを示すことだけで為替レートを望む方向に変えようとすること |

介入が成功するには条件が必要

▶ 必ず成功するとは限らない

　政府・中銀がすることですから、為替市場介入は成功しやすいと

思われるかもしれません。

しかし、為替市場で取引される金額は、1日あたり4兆ドル（1ドル＝120円とすると480兆円）に上り、介入に通常使われる金額と比ベケタ違いに大きい規模です。**このため政府・中銀といえども、為替レートを自由に変えられるわけではありません。**

たとえば東日本大震災が起きた後の2011年8月、ドル円は1ドル80円を割り込む大幅な円高が進みました。これを受けて日本政府は同じ年の8月に4.5兆円、10月に8.0兆円、11月には1.0兆円と、当時としては過去最大規模の円売り介入を行いました。

しかし、介入が実施された後、投資家がそれにならって円を売るかというとそうはならず、ドル円は2012年2月まで1ドル80円を超えることはありませんでした。

◆ 介入が成功する時、失敗する時

介入が成功するもっとも基本的な条件は、政府・中銀の考えが市場関係者に納得感を持って理解されることです。

たとえば、政府・中銀が「今の円は高すぎる」と考え、円を安くするために介入を行っても、市場関係者が「円は高すぎるわけではない」と考えるのであれば、市場関係者は介入の後に再び円を買う動きを強めるでしょう。

政府・中銀が為替市場介入を行う際には、できれば単独介入ではなく協調介入が望ましいとも言われています。1つの国だけが一生懸命頑張っても、他の国の政府・中銀が協力する姿勢を示さないのであれば、市場関係者も介入する説得力が乏しいと判断しがちです。

また、ある国の政府・中銀による介入に対し、別の国の政府・中銀が批判することもあります。この場合も介入に対する説得力がな

くなりますので、介入が失敗に終わる可能性が高まると考えられるでしょう。

> あくまで市場が主役

　近年では、為替レートは市場で決まるべきであり、政府・中銀が市場に介入し、為替レートを人為的に変えることはやめるべき、という考え方が世界各国で広まっています。

　このため、政府・中銀が為替市場介入を行う時には、**少なくとも他の国の政府・中銀から理解を得ることが必要と言えます。**

　政府・中銀が望ましいと考える方向に為替レートが動いている時に介入を行うことも効果が高いと言われています。政府・中銀が介入によって為替レートが動いている方向を後押しすることで、市場関係者の多くは現在の動きに自信を持ち、同じ方向での取引を続けると考えられるからです。

POINT

◇政府・中銀といえども為替市場を自由に変えることはできない

◇介入が成功するには、政府・中銀の考えが
　市場関係者に納得感を持って理解される必要がある

◇他の国の政府・中銀から介入に対して理解を得ることも重要

第5章
為替には政府・中銀の意向も反映される

7 介入したかどうかを確認する方法がある！

▶ 外貨準備をチェック！

政府・中銀が為替市場介入を行ったかどうかは、国際収支統計の外貨準備の変化を見ることで確認できます。外貨準備とは、政府・中銀がもつ外国の通貨（外貨）や金融資産のことです。

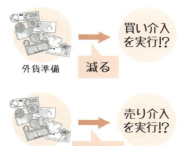

もともと外貨準備は、海外からの借金（債務）が返せなくなる、為替レートが急激に変動したことで輸入が滞りそうになる、といった万が一に備えて用意されているものです。

ただ、政府・中銀が為替市場介入として為替取引をすると、政府・中銀が保有する外貨（**外貨準備**）が変わりますので、外貨準備の増減を確認することで為替市場介入の有無が確認できます。

政府・中銀が自分の国の通貨を買う介入（**買い介入**）を行うことは、外貨を売ることを意味します。この結果、外貨準備は介入の前より減ることになります。

反対に、政府・中銀が自分の国の通貨を売る介入（**売り介入**）を行うことは、外貨を買うことになりますので、外貨準備は介入の前より増えることになります。

つまり、外貨準備が減っていれば、その国は買い介入をした可能性が高く、逆に外貨準備が増えていれば、その国は売り介入をした

可能性が高いと考えられます。

> **POINT**

外貨準備の変化を見れば、介入の有無を確認することができる

> 外貨準備が減った　＝　買い介入をした可能性が高い

> 外貨準備が増えた　＝　売り介入をした可能性が高い

❯ 輸出が重要な国では外貨準備も大きい

　自分の国の通貨が高くなると、自分の国の通貨でみた輸出の金額が減ってしまいます。

　このため、**輸出を重要と考える国の政府・中銀は、自分の国の通貨を売る介入をする傾向があります。つまり、輸出を重要と考える国ほど外貨準備は大きいと考えられます。**

　たとえば中国は、輸出が拡大することで高い経済成長を続けてきたこともあり、中国の通貨・人民元を売る介入を続けてきました。中国の外貨準備は、2014年には4兆ドル（1ドル120円とすると480兆円）程度と世界最大の大きさになっています。

　また日本も、円高によって景気が悪くなることを心配し、過去に多額の円売り介入をしてきました。日本の外貨準備は1.2兆ドルと、中国ほどではありませんが世界第2位の規模に達しています。

> **POINT**

> 輸出を重要と考える国　＝　売り介入をする傾向がある

❯ 売り介入は無限、買い介入は有限

自分の国の通貨を売る介入（売り介入）は、他の国からの批判を

無視すれば、好きなだけ、無限にすることができます。 売るための自分の国の通貨が足らなくなれば、政府・中銀が自分の国の通貨をまた発行すればいいからです。

一方で、**自分の国の通貨を買う介入（買い介入）は無限にすることができません。** 買い介入は外国の通貨を売ることを意味しますが、当然ながら外国の通貨は自分の国で発行ができないので、政府・中銀が持っている額、つまり外貨準備の分しかできないからです。

こうしたことから、**外貨準備の規模が比較的小さい国が買い介入をしても、思惑どおりに自分の国の通貨が上がらず、失敗しやすい傾向にあります。** たとえ買い介入が行われても、外貨準備が少ないと、規模は大きくないと判断されるほか、買い介入が続けられる可能性も低いだろうと考えられてしまうからです。

▶ POINT

◇自分の国の通貨を売る介入（売り介入）は無限にできる

◇自分の国の通貨を買う介入（買い介入）は
　外貨準備の分しかできない

◇外貨準備の規模が比較的小さい国が行う買い介入は
　失敗しやすい

🔴 為替介入の成績発表がある !?

いくつかの国は、為替介入を実施すると、後ほど、その結果を公表します。たとえば日本の場合、財務省が「外国為替平衡操作の実施状況」という名前で為替介入の実績をウェブサイトに公表しています。これを見ると、日本による介入のほとんどは米ドルに対するものであることがわかります。

為替介入の結果を公表するのは、他の国に対する配慮を示すためと言われています。

世界の国々の間では、政府・中銀は本来、為替介入をすべきではないという考え方が共有されています。ただ、なんらかの理由でやむを得ず為替介入をしたのであれば、その結果を広く示して、為替介入をした政府・中銀の意向を示すことが、ある種のマナーとされています。

ただ、すべての国が為替介入の結果を公表しているわけではなく、中国や韓国などは為替介入の結果を公表していません。

政府・中銀が、いつ、どれくらいの規模で為替介入したかを公表してしまうと、政府・中銀の為替取引の傾向が読み取りやすくなり、政府・中銀が望むように為替レートを変えることが難しくなるからです。

しかし、為替介入の結果を公表しない国々は、世界各国に対して、ある種のマナー違反をしていることになります。このため、こうした国々は、世界各国から批判を受けることもあります。

第6章

テクニカルで投機するって、どういうこと？

過去の値動きに注目するテクニカル

▶ テクニカルの根底にある考え方

　テクニカルとは、為替レートの過去の値動きに注目し、過去の値動きから今後の値動きを予想することです。テクニカルでは、実需期待のように実需の変化を考えることはしません。あくまで為替レートの過去の値動きだけを判断の根拠とします。

　テクニカルはいくつかの考え方が基礎となっています。
　1つは過去の値動きがもっとも重要である、という考え方です。
　過去の値動きは、どれも通貨の買い手と売り手が為替取引をした時の価格を示しています。買い手も売り手もいろいろな理由で為替取引をしたのでしょうが、その根拠や理由などはいくら推測しても最後まで不確かな部分が残ってしまいます。

　そこでむしろ、そうした不確かな部分は気にせず、確実な事実である値動きだけに注目し、そこから得られる結論の方が将来の値動きを予想するうえで有効である、という考え方がテクニカルにはあります。

　テクニカルの根底には、過去は繰り返される、という考え方もあります。
　過去であれ現在であれ、為替取引をするのは人間ですから、過去に起こったことは、その後もある程度同じような形で繰り返される、と考えることもできます。

　過去に見られたいくつかのパターンが今後も繰り返される、とい

う考えから今後の値動きを予想する方法もあります。

　一方、テクニカルのこうした考え方には否定的な見方もあります。実需は為替取引の必要があり、実需期待は実需に働きかけることから、どちらも通貨の需要を変え、最終的には為替レートに大きな影響を与えると考えられます。

　一方、テクニカルは為替レートの過去の値動きを根拠としているだけですから、為替取引の必要性に関係なく、実需に影響を与えるわけでもありません。このため、一部の人からは、テクニカルの有効性を否定する見方も出されています。

❯ 市場参加者は過去の値動きを重要視する

　実際には、**為替市場の市場参加者のほとんどは、チャートと呼ばれる為替レートの過去の値動きを記したグラフをみて、過去の値動きを確認しています。**

　またテクニカルに関するノウハウは、世界各国に普及しており、程度の差こそあれ、市場関係者の多くはテクニカルに関する知識を持っています。

　チャートは、経済指標と同じように誰がどこで見ても同じもので、そのチャートを対象としたテクニカルに関するノウハウも広く共有されています。チャートから予想される為替レートの先行きに関する結論は、ある程度、同じものになるはずです。

　そのため、**市場参加者の多くがテクニカルを通じて、為替レートの先行きについて同じことを考えるのであれば、その考えを先回りすることで利益を得ることができると考えられます。**

　こうしたことから、テクニカルは為替の投機取引において重要な役割を果たしているといえます。

チャートは過去の分析と今後のヒントを得るもの

▶ チャートには使われる期間によって名前がある

チャートは、為替レートの過去の動きを記したグラフのことです。 通常、グラフの横軸に時間を示し、縦軸に為替レートの水準を示します。

チャートの横軸では一定の期間で目盛りがふられています。多く使われる期間は、1分、5分、15分、30分、60分、1日、1週間、1カ月です。

この使われる期間によってチャートには名前がつけられています。たとえば**1分ごとに為替レートの動きを示すチャートは「分足」、1日ごとのチャートは「日足」、1週間の場合は「週足」、1カ月の場合は「月足」と呼ばれます。**

▶ チャートからわかること

チャートをみると、為替レートが過去にどのように動いたかがよくわかり、今後どのように動くかを考えるヒントが得られます。

たとえば、為替レートが上昇を続けているチャートがあったとします。

このチャートをみて、「これまで上昇が続いているのだから、今後も当分は上昇が続くだろう」と考える人がいるかもしれません。逆に、「上昇が長く続いているから、しばらくしたら今度は為替レートが下落するかもしれない」と考える人がいるかもしれません。

第 6 章
テクニカルで投機するって、どういうこと？

チャートはあくまで過去の値動きを示すだけですから、誰がみても過去の値動きは同じです。しかし今後の値動きについては、過去の値動きの解釈の違いによって、見方や予想が異なるはずです。

しかし、実際はあまりそうはなりません。

なぜなら、為替や株式などの金融市場での取引では、**チャートから今後の値動きを予測する方法として「テクニカル分析」と呼ばれる手法が使われているからです。**

やり方が違っても…

2+2+2+2=8

2×4=8

答えは同じ！
＝
過去の値動きの解釈が違っても、
見方や予想は同じ！

テクニカル分析には数多くの方法がありますが、代表的なものは市場参加者の間でよく知られています。

つまり、**テクニカル分析から得られる予想は、市場参加者の間である程度、共有されています。結果として、チャートで示される為替レートの値動きが、投機取引をする市場参加者の思惑（予想、考え方）を刺激し、為替レートの値動きに影響を与えることも珍しくないのです。**

ローソク足は一目で 値動きがわかる優れもの

4つの為替レート

為替の分析でよく使われるチャートは、学校で習ったような折れ線グラフ（1つの時間帯に1つの数値だけが示されるグラフ）ではありません。**チャートには「始値」「終値」「高値」「安値」の4つの為替レートが示されます。**

1つの時間帯（たとえば1分足であれば1分、日足であれば1日）ごとに4つの為替レートが示されていることから、**こうしたチャートを4本値と呼びます。**

「始値」など4つの言葉の意味は、ほぼ文字どおりです。

・始値……各時間帯で最初に付いた為替レートの値
・終値……各時間帯で最後に付いた為替レートの値
・高値……各時間帯で最も高い為替レートの値
・安値……各時間帯で最も低い為替レートの値

ローソク足の陽線と陰線の見方

チャートでは、**この4つの値が一目でわかるように「ローソク足」という記号を使います。** ローソク足は「実体」と呼ばれる太い部分と、「ヒゲ」と呼ばれる上下に突き出た線で構成されています。
実体は為替レートの値上がり、値下がりを示します。

為替レートが各時間帯で上がったら（終値が始値よりも高くなったら）、実体は白塗りとなります。この**白塗りの実体を「陽線」と**

第6章
テクニカルで投機するって、どういうこと？

いいます。

　逆に為替レートが各時間帯で下がったら（終値が始値よりも低くなったら）、**実体は黒塗りの「陰線」になります。**

ローソク足のヒゲの見方

　ヒゲは各時間帯の高値と安値を示しています。上の端が高値、下の端が安値を指しています。

　ローソク足のいいところは、各時間帯の為替レートの上下動が1つのローソク足でわかることと、為替レートが上がり気味なのか、もしくは下がり気味なのかが一目でわかることです。

　為替レートが上がることが多い時は、実体が白塗りのローソク足が増えますので、チャート全体が白っぽくなります。逆に為替レートが下がることが多い時は、実体が黒塗りのローソク足が増えますので、チャートは黒っぽくなります。

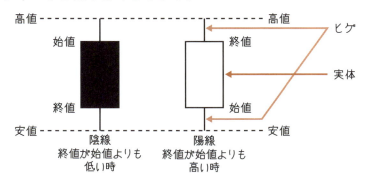

ローソク足のパターンを知っておこう

　ローソク足の動き方には、一定のパターンがあるとされており、パターンをあてはめることで今後の為替レートの動きを予測することができると言われています。

ローソク足には以下のようないくつかのパターンがあります。

図の番号	名称	形	意味
①	大陽線	長い陽線	上昇の勢いが強い
②	小陽線	短い陽線	上昇が続いている
③	上影陽線	上にヒゲが伸びている陽線	上昇が止まりつつある
④	下影陽線	下にヒゲが伸びている陽線	下落から上昇に転じた
⑤	寄引同時線	始値と終値が同じ	方向感がない
⑥	大陰線	長い陰線	下落の勢いが強い
⑦	小陰線	短い陰線	下落が続いている
⑧	上影陰線	上にヒゲが伸びている陰線	下落が止まりつつある
⑨	下影陰線	上にヒゲが伸びている陰線	下落したものの下値からは上昇した

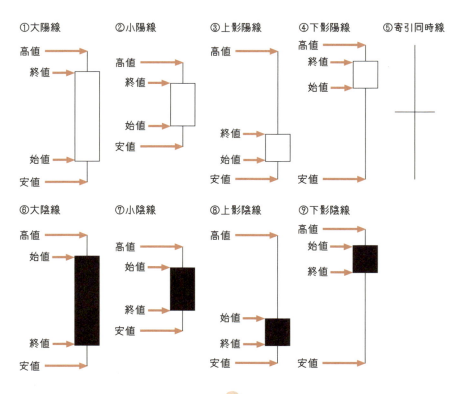

４ まずはトレンドで為替レートの方向を確認する

▶ 上昇トレンド、下降トレンド、横ばいの３つ

　為替レートの動く方向は「トレンド」とよばれます。**トレンドは、「上昇トレンド」「下降トレンド」「横ばい」の３つに分かれます。**

　上昇トレンドとは、為替レートが上がる傾向にあることを意味し、下降トレンドは下がる傾向にあることを意味します。横ばいは、為替レートが上下どちらにも大きく動かず、ある程度同じ水準で動いたことを意味します。

　為替の値動きを予想する際にトレンドを確認することは非常に大事です。たとえば、上昇トレンドであると思われれば、(たとえ一時的に多少、下がったとしても)、今後も為替レートは上がる方向に動くだろうと予想できます。

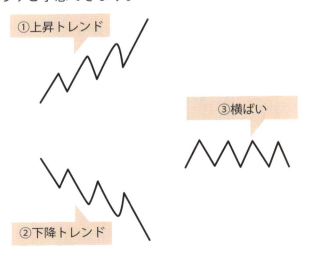

137

▶ 説得力のあるトレンドラインとは？

　トレンドを確認する方法はいくつかありますが、簡単なものとしてトレンドラインがあります。**トレンドラインとは、為替レートの過去の安値同士、もしくは高値同士を結んだ線のことです。**

　安値同士を結んだ線が上向きであれば、為替レートは上昇トレンドにあると判断されます。逆に高値同士を結んだ線が下向きであれば、下降トレンドにあるといえます。

　トレンドラインは、2つの安値（もしくは高値）を結べば作ることができますが、できれば3つ、4つとより多くの安値（もしくは高値）を結ぶと説得力が増します。よりたくさんの点を結べば、そのトレンドラインが示すレートよりも下（もしくは上）にならない回数が、より多いことを意味するからです。

　仮に2つの点だけで作られたトレンドラインだったとしても、その後、そのトレンドラインが示すように為替レートが動くこともあります。この場合、このトレンドラインは、徐々に説得力が増していると考えることもできます。

上昇トレンドライン
（安値と安値を結ぶ）

下降トレンドライン
（高値と高値を結ぶ）

サポートとレジスタンスでトレンドの行方を考える

▶ サポートラインとレジスタンスライン

　サポートは英語で「支える」という意味ですが、為替市場でのサポートは、**為替レートが下がる動きを止めると考えられる水準**を意味します。

　サポートをつないだ線は、**サポートライン**と呼ばれ、日本語で**「支持線」**とも呼ばれています。

　一方、レジスタンスとは、英語で「抵抗」という意味で、**為替市場では為替レートが上がる動きを止めると考えられる水準**です。レジスタンスをつないだ線は、**レジスタンスライン**もしくは**「抵抗線」**と呼ばれます。

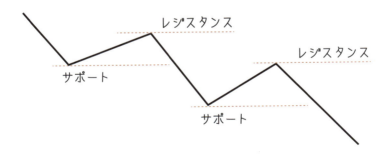

　為替レートの今後の値動きを考えるうえで、サポートやレジスタンスを意識することは非常に大事です。

　為替レートが下がっている時、下降トレンドが続くかどうかを判

断する目安としてサポートは大変便利です。

　仮に為替レートが、サポートよりも下がらないのであれば、下降トレンドは消えつつあると考えられるからです（下の図のＡ）。

　一方、為替レートが上がっており、上昇トレンドが続くかどうかを判断する際にはレジスタンスを見ます。為替レートがレジスタンスを超えることができないのであれば、上昇トレンドは消えつつあると考えられます（下の図のＢ）。

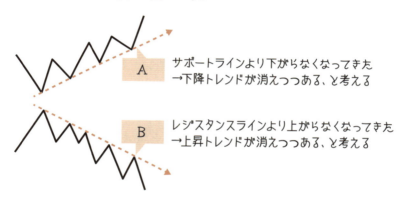

６ テクニカルにはトレンド系とオシレータ系の２つがある

▶ 方向性のトレンド、変化の幅のオシレータ

　テクニカルは、トレンド系分析、オシレータ系分析の２つに大きく分けることができます。トレンド系分析とは、為替レートが上昇するのか、それとも下落するのかといった方向性（トレンド）を対象とするテクニカル分析です。

第6章
テクニカルで投機するって、どういうこと？

一方、**オシレータ系分析とは、為替レートの変化の大きさを対象とした分析です。**「オシレータ」とは英語で「振り子」を意味します。振り子は中心の位置から左右どちらかの方向に動き、端にたどり着くと、動きが止まり、その後、これまでとは逆方向（右に動いていたら左、左に動いていたら右）に中心に向かって動きます。

オシレータ系分析という名前は、こうした振り子の動きから付けられており、為替レートも振り子と同じように動くと想定して今後を予測します。

つまりオシレータ系分析では「為替レートは上下に動く」ものの「その変化の幅はある程度一定」と考え、その変化の幅が極端に大きい時は、為替レートの動きは行き過ぎたと判断し、次第に逆の方向に動くと想定します。

❯ トレンドとオシレータの向き・不向き

一般にトレンド系分析は、中長期の予想に使われ、オシレータ系分析は短期の予想に使われます。

また為替レートの値動きに明らかなトレンドが見られる時は、トレンド系分析が有効とされています。逆に為替レートの値動きにトレンドがあまりなく、横ばい圏での動きが続く時は、オシレータ系分析が役に立つと言われています。

141

トレンド系の代表は移動平均線

▶ 過去の一定期間の値動きを平均化した値

　為替レートの値動きは、いつも滑らかなわけではなく、細かくみるとジグザグした不規則な動きをしていることがほとんどです。

　このジグザグした不規則な動きは、為替レートのトレンドと関係ないことが多いのですが、トレンドの判断を迷わせることもあります。そこで**市場関係者は、為替の値動きによって生じる細かいジグザグの動きを取り除き、トレンドを判断しやすくする方法として、移動平均線と呼ばれる線をチャート上に加えます。**

　移動平均線とは、過去の一定期間の値動きを平均化した値を結び合わせた線のことです。移動平均線は、仕組みが単純なこともあって、トレンドを判断する際の基本的な方法として知られています。

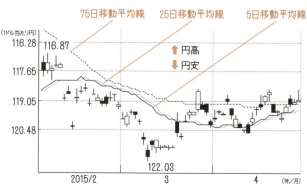

ローソク足に移動平均線を加えてみると……
（2015年2〜4月のドル円レート）

第6章
テクニカルで投機するって、どういうこと？

▶ 事例で見る移動平均線

たとえばドル円が以下のような値動きをしたとします。

1月1日	100円
1月2日	101円
1月3日	102円
1月4日	103円
1月5日	104円

　ここで平均期間を3日とした3日移動平均線を作成するとします。すると、3日移動平均線は以下のようになります。

	ドル円レート	3日移動平均
1月1日	100円	
1月2日	101円	
1月3日	102円	101円 (=(100円+101円+102円) ÷3)
1月4日	103円	102円 (=(101円+102円+103円) ÷3)
1月5日	104円	103円 (=(102円+103円+104円) ÷3)

　こうして求めた3日移動平均を結ぶことで、3日移動平均線が完成します。

　移動平均線が上を向いているときは、為替レートが上昇トレンドにあると判断されます。

　とくに直近の為替レートが移動平均線よりも上の位置にある時は、上昇トレンドが強いと考えられます。反対に移動平均線が下を向いていたり、為替レートが移動平均線よりも下の位置にある時は、

下降トレンドにあるといえます。

移動平均線は、トレンドを示すとともに、移動平均で使われる平均期間に取引されたレートの平均値を示しています。

このため、移動平均線は市場関係者が意識する水準となり、為替レートが移動平均線に近づく形で上がった時は、移動平均線上の水準がレジスタンスになりやすくなります。反対に為替レートが移動平均線に近づく形で下がった時は、移動平均線上の水準がサポートになりやすいと言われています。

＞ 移動平均線で使われる平均期間

移動平均線でよく使われる平均期間は、5日、8日、10日、20日、21日、25日、50日、75日、90日、200日です。5日や8日といった短い期間の移動平均線は短期のトレンドを、20～50日といった中期の移動平均線は中期のトレンドを、50日を超える長期の移動平均線は長期のトレンドを確認する時に、それぞれ使われます。

ただ、移動平均線で使う平均期間は、あくまでも目安で、どの期間を使うのかは自分の取引スタイルによって変わります。

たとえば、自分の取引期間が短いと短い期間の移動平均線がより重要になるでしょうし、逆に取引期間が長いと長い期間が重要となります。自分の取引期間が決まっていない人は、短期・中期・長期の3本の移動平均線を用意し、市場のトレンドを確認します。

移動平均線は、平均期間が短いものほど速く動き、期間が長くなればなるほど動きがゆっくりです。

たとえば上昇トレンドの時は、平均期間が5日とか8日といった平均期間の短い移動平均線がまず上昇し、その後20日や25日といった平均期間が中くらいの移動平均線が上昇し、最後に90日や

200日といった平均期間が長いものが上昇します。

　トレンドが上昇から下降に転ずると、まず平均期間の短い移動平均線が下がり、続いて平均期間が中くらいの移動平均線が下がり、最後に平均期間が長い移動平均線が下がります。

　平均期間の短い移動平均線が、期間の長い移動平均線を下から上に抜く状態は「ゴールデンクロス」と呼ばれます。平均期間の短い移動平均線が期間の長い移動平均線を上抜くということは、上昇スピードが増してきたことを意味しますので、上昇トレンドが本格化したと考えられます。

　逆に、**平均期間の短い移動平均線が、期間の長い移動平均線を上から下に抜く状態は「デッドクロス」と呼ばれます。**この場合、下降トレンドが強まってきたと考えられます。

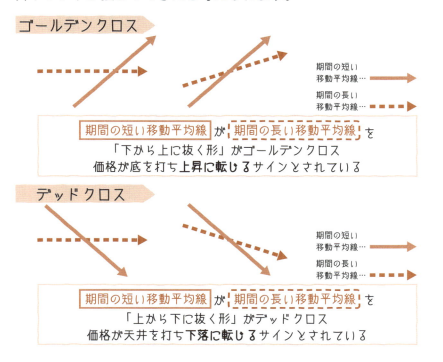

8 オシレータ系の代表は RSI

為替レートの上がりすぎ、下がりすぎを示す

オシレータ系分析の手法の1つに RSI があります。RSI は、その
ままアール・エス・アイと呼びます。

RSI は Relative Strength Index という英語を略したもので、日
本語では、相対力指数、などと訳されています。とはいえ、RSI と
いう文字の意味を深く考える必要はありません。ほとんどの人が
NHK や米国の CIA の正式名称を知らないのと同じことです。

**RSI は、一定の期間において為替レートが下がり過ぎているのか、
それとも上がり過ぎているのかを示す指標です**。RSI は 0 から 100
の数字で表され、 0 に近づけば近づくほど為替レートが下がり過ぎ
であることを示し、逆に 100 に近づけば近づくほど上がり過ぎで
あることを示します。

RSI の計算式は以下の通りです。

RSI
　= （一定期間の上げ幅の合計）
　　÷（一定期間の上げ幅の合計＋一定期間の下げ幅の合計）
　　× 100（％）

第 6 章
テクニカルで投機するって、どういうこと？

事例でみる RSI

たとえばドル円が以下のような値動きをしたとします。

1日目	100円
2日目	101円（前の日から＋1円）
3日目	103円（前の日から＋2円）
4日目	102円（前の日から－1円）
5日目	105円（前の日から＋3円）
6日目	108円（前の日から＋3円）
7日目	107円（前の日から－1円）

ドル円が上がったのは2日目、3日目、5日目、6日目の4日間で、下がったのは4日目と7日目の2日間です。上げ幅の合計は9円（＝1円＋2円＋3円＋3円）となり、下げ幅の合計は2円（＝1円＋1円）となります。

すると RSI は

RSI ＝（一定期間の上げ幅の合計）

　　　÷（一定期間の上げ幅の合計＋一定期間の下げ幅の合計）

　　　× 100（％）

　　＝ 9円 ÷（9円＋2円）× 100（％）

　　＝ 81.8％

となります。RSI は 0 と 100 の半分である 50 よりも上、つまり 100 に近いわけですから、この時のドル円は上がり過ぎだと考えることができます。

RSI は 30 を下回ると下がり過ぎであり、いずれ上がるだろうと考えられています。一方、70 を上回ると上がり過ぎであり、いずれ下がるだろうと考えられます。

　RSI を計算するには「一定の期間」での上げ幅や下げ幅を必要としますが、「一定の期間」はいろいろと変えることができます。

　1 日単位で為替レートをみたい人は、9 日や 14 日を一定の期間とするのが一般的です。1 時間単位で為替レートをみる人は 9 時間や 14 時間、1 分単位でみる人は 9 分や 14 分を一定期間とします。

　もちろん、9 や 14 にこだわる必要はなく、8 や 15 を使って RSI を計算しても問題ありません。50 や 75 といった長い期間で RSI を計算する人もいます。

　移動平均線と同じことで、RSI で使う期間の長さは、あくまでも目安で、どの期間を取るのかは自分の取引スタイルによって変わります。

結局どの項目が一番重要なのだろう？

▶ じつは奥が深い4つの項目

　第6章までで、**通貨の需要を変える4つの項目、実需、実需期待、政府・中銀、テクニカルをそれぞれ説明してきました。**

　紙面の都合もあって、それぞれの項目について概略を説明することに留めましたが、じつはどの項目にも、さらに奥深い議論があります。

　書店に為替に関する本がたくさん並んでいるのも、それぞれの本で得意とする内容が違うためでしょう。

　為替について網羅的に説明するものだけでなく、通貨の需要に関する1つの項目（たとえばテクニカル）に集中する本もあります。

　インターネットでも特定の項目を取り上げて説明するサイトが見つかります。

　通貨の需要を決める4つの項目の関係がある程度、頭の中で整理できるようになって、この本で触れなかった内容についても興味がでてきたら、違う本やウェブサイトなどで、さらに詳しい内容を確認するのもいいでしょう。

▶ まずはすべての項目の確認から始めよう

　ウェブサイトなどでは、為替レートを予想するためには、4つの項目をすべて考える必要はなく、ある項目（たとえばテクニカル）だけをみれば良い、とする意見を目にすることがあります。

第7章
為替レートを予想する秘訣をおさえよう！

　たしかに4つの項目すべてについて情報を得るのは大変ですし、4つの項目から得られる情報が矛盾することもよくあります。この場合、どの情報を重視すべきか悩んでしまい、はっきりとした結論が決められないのかもしれません。

　しかし私は、**為替について詳しく知らない人ほど、まずは4つの項目すべてについて、どのような情報が含まれるのか一通りみておく経験をしたほうがいいと思っています。**

　繰り返しになりますが、通貨の需要を決めるのは4つの項目すべてです。ある1項目だけに目を奪われてしまうと、通貨の需要を大きく変える別の項目のことを考えられなくなります。すると自分の考えと実際の為替レートの先行きがまったく違うものになってしまう恐れもあるのです。

2　為替レートは「テーマ」で動く

▶ 為替レートは美人投票!?

　外国為替市場での1日あたりの取引量は、480兆円と非常に大きく、たとえ政府・中銀であっても自分の思うように為替レートを動かすことはできないと述べました。

　通貨の需要や為替レートを決めるのは、結局、為替取引をする市場参加者の多くの一致した意見や考え（総意）なのです。その時、市場参加者の多くが注目する内容や情報は非常に重要です。それらは「テーマ」と呼ばれます。

仮にテーマが米国に関することであれば、米国に関するいろいろな情報が為替レートに影響を及ぼすことになります。

　そんな状況で、米国ではなく日本に関する情報をもとに為替レートの先行きを考えても、為替レートは自分の考え通りには動きません。そうではなく、みんなが注目するテーマの枠組みの中で自分なりの考えを整理することが必要です。

　英国の有名な経済学者ケインズは、こうした状況を美人投票にたとえました。外国為替を含む金融市場での価格の決まり方は、「100枚の写真の中から最も美人だと思う人に投票してもらい、最も投票が多かった人に投票した人達に賞品を与える投票」と同じだというのです。

　このしくみで投票する場合、投票者は「自分が美人と思う人」ではなく、「多くの人が美人と思う人、多くの人に美人と思われる人」に投票するようになるとケインズは指摘したわけです。

　これは、**為替レートの先行きを当てるという賞品を得るためには、自分の考えを押しとおすのではなく、他の多くの参加者がどのように考えて行動するかを推測することが大事である**ということを意味しています。

❯ テーマは時代とともに変わってきた

　テーマは、時と場合によって異なります。

　たとえば **1970 年代後半の外国為替市場では、米国の貿易収支が最大のテーマでした。** 米国の貿易赤字が増えれば増えるほどドルは

第7章
為替レートを予想する秘訣をおさえよう！

下がりやすくなる、と多くの市場参加者が考えていました。

　ところが1978年秋、当時の米国カーター大統領は、ドル安が進み過ぎているとして、政策金利の引き上げや協調介入の強化を柱としたドル防衛策を発表します。これによりドルは大きく上昇しました。

　1980年代は、米国の貿易赤字と財政赤字という双子の赤字がテーマとなりました。当時の米国レーガン大統領は、インフレを抑えこむことに成功し、景気は消費を中心に回復に向かいました。

　その結果、ドルは上がったのですが、ドルが上がれば上がるほど、貿易赤字も膨らみ、いずれドルが暴落するのではないかと心配する見方も強まりました。

　1990年代は欧州、中南米、アジア、ロシアなど米国以外の地域でいわゆる通貨危機が目立ちました。日本でも有名なのが1997年のアジア通貨危機です。

　タイの銀行が破たんしたことでタイの通貨であるバーツが大きく売られ、その後、ドミノ倒しのように他のアジア各国の通貨も大きく売られました。韓国では、自分の国の通貨の下落を食い止めるべく、外貨準備を使って買い介入を続けましたが、最終的には外貨準備が底をつき、国際通貨基金（IMF）から資金を援助してもらいました。

　また**1995年には米国のドル高政策もテーマとなりました。**当時の米ルービン財務長官は、「強いドルは米国の国益」という発言を繰り返し、米国政府がドル高を容認しているとの見方を市場参加者に植え付けました。

　1995年4月にドル円は79.75円の史上最低（当時）を記録しましたが、7月には日米がドル買い・円売りの協調介入を実施し、ド

ル円は 100 円まで上昇しました。

2000 年に入ると、世界各国の政策金利の動きがテーマとなりました。中央銀行が利上げをすれば、その国の通貨は上がりやすいと考えられ、逆に利下げをすれば、その国の通貨は下がりやすくなると考えられていました。

2006 年には、上昇を続けてきた米国の住宅価格が下落に転じ、2007 年には、世界の金融機関の経営不安が高まるとともに、世界的に景気が悪くなりました。

この結果、世界の機関投資家は、リスクの高い運用を手控える傾向を強め、世界の金融機関の信用力が市場のテーマとなりました。当時は、大規模な金融機関の信用不安に関するニュースが流れると、リスクが低い通貨とみなされていたドルや円が大きく買われ、代わりにユーロや新興国通貨が売られました。

2009 年には、米国の中央銀行であるＦＲＢ（連邦準備制度理事会）による量的緩和政策が市場のテーマとなりました。量的緩和政策とは、中央銀行が政策金利を引き下げる代わりに、国の借金である国債や住宅ローンの証券を買い入れ、世の中に出回るお金の量を増やす金融政策です。

量的緩和政策が続けられれば続けられるほど、世の中に出回るドルが多くなる、との見方からドルが売られやすくなりました。

2010 年は、ギリシャの財政問題をきっかけとした債務危機がテーマとなりました。

政権交代を機に、ギリシャが実際の財政赤字が過去に公表した数字よりも大幅に大きいことを明らかにすると、その後、財政赤字の大きさを問題視する見方が、アイルランド、ポルトガル、スペイン、イタリアに飛び火しました。

続いてそれらの国々の債券を保有する欧州域内の銀行への不信感が広がり、最終的には欧州全体の金融システムが不安視される状態になりました。欧州債務危機は、欧州各国の景気を悪化させ、ユーロは大きく売られました。

このように市場のテーマは、時とともに変わります。このため、**いつまでも同じテーマに目を奪われていると、市場参加者が別のテーマに注目を移し、自分の考えが他の市場参加者とズレてしまう恐れが出てきます。**

あくまでも経験則ですが、1つのテーマが市場参加者の注目を集めるのは、新聞や専門的な情報源で取り上げられるようになってから3カ月後から半年後くらいまでで、1年以上も同じテーマが注目されることは多くありません。

同じテーマが2カ月くらい話題になっている時は、「そろそろ市場参加者が別のテーマに注目を移すかもしれない」と考え、別のテーマとして何が有力候補となるかに考えをめぐらすことも、為替レートの先行きを考えるうえで必要です。

通貨ごとの動きを考えよう

▶ 為替レートは2つの通貨の交換割合

外国為替に慣れていない人ほど、為替レートを「1つのもの」と考える傾向にあるようです。

株式市場では1つの会社の株価(銘柄)を取引の対象とするので、

外国為替市場では取引の対象となる為替レート（たとえばドル円）を株式市場での銘柄と考えたくなります。

　ただ、為替レートは2つの通貨を交換する時の割合を示したものです。このため**為替レートの動きは、2つの通貨の動きを足し合わせたものとなります。**

　たとえばドル円について考えてみましょう。

　ドル円の動きは、ドルと円の2つの通貨の動きで説明されます。

　しかし、2つの通貨を同時に考えることは非常に難しいものです。「為替レートは2つの通貨の影響を受ける」と強く意識していないと、ドル円のことを考えているつもりが、いつのまにかドルのことしか考えていなかった、ということが起こり得ます。

　為替レートの動きを考える時には、為替レートそのものを考えるのではなく、為替レートを作り出す2つの通貨それぞれを考えることが基本です。

　ドル円であれば、ドルと円それぞれを考えるのです。ドルが上がる一方で、円が下がると考えるのであれば、ドル円は上がることになります。反対にドルが下がる一方で、円が上がるのであれば、ドル円は下がることになります。

$$ドル円 \quad = \quad \frac{ドル}{円} \quad だから$$

$\dfrac{ドル}{円}$	↑ ↓	➡	ドル円↑
$\dfrac{ドル}{円}$	↓ ↑	➡	ドル円↓

第7章
為替レートを予想する秘訣をおさえよう！

▶ ドルと円が同じ方向に動いたら？

　問題はドルと円が同じ方向に動くと考えられる場合です。ドルと円がいずれも上がる、もしくはドルと円がいずれも下がる場合、ドル円の動きはドルと円のどちらの通貨の動きが強いかによって異なります。

$\frac{ドル}{円}$	↑ ↑	➡	ドル円↑↓？
$\frac{ドル}{円}$	↓ ↓	➡	ドル円↑↓？

　こういう時は、**ドルと円だけでなく、ユーロやポンドといった別の通貨も含めて、通貨の上昇ランキングのようなものを考えることをお勧めします。**

　たとえば、ドル、円、ユーロ、ポンド、豪ドルの5つの通貨を選び、通貨の上がる幅の順序をつけます。ここでは、ドルがもっとも上がり、次に円、3番目にユーロ、4番目にポンド、最後が豪ドルとします。

	上がる幅
ドル	1番
円	2番
ユーロ	3番
ポンド	4番
豪ドル	5番

　こう考えると、ドルは円より上がるわけですから、ドル円は上がることになります。

また、他の通貨も含めて順番を付けているため、ユーロ円やポンド円、ポンドドルなど他の為替レートの方向も判断できます。この例の場合、ユーロ円、ポンド円、ポンドドルはいずれも下がります。

　このような形でいくつかの通貨の上がる幅の順序を付けると、外国為替市場の動きがより正確にわかるようになります。

　先の例の場合、ドル円は上がるわけですから、ドル高・円安と思いたくなります。しかし順番を付けることで、円はドルには負けているものの、ユーロやポンドなど他3通貨よりは上がっています。

　このためドル円は上がっているものの、外国為替市場はドル高・円高の反応を示したと判断されます。

⟩ ドル高でも必ず円安とは限らない

　テレビや新聞などでは、ドル円が上がることは、ドル高・円安と同じであるかのような説明がなされることがあります。

　しかし、ドル円の上昇が必ずしもドル高・円安を意味するわけではありません。

　たとえばドル円は上がったけれど、ユーロ円は下がった場合を考えてみましょう。この場合、3つの通貨の上がり方の順序は、ドルが一番大きく、次いで円、そして最後にユーロとなります。

ドル円は上がったけれど、ユーロ円は下がった場合

	上がった幅の大きさ
ドル	1番
円	2番
ユーロ	3番

第 7 章
為替レートを予想する秘訣をおさえよう！

　つまり円は、ドルに対しては下がったかもしれませんが、ユーロに対しては上がっています。このため、この時のドル円の上昇は、ドル高を意味するものの、円安を意味しているわけではありません。あえて安い通貨を上げるとすれば、それは円ではなくユーロとなり、ドル高・ユーロ安、と考えるのが正しいといえます。

　この関係は、ユーロドルという別の為替レートをみると確認することができます。ドルが最も上がっている一方で、ユーロが下がっているわけですから、ユーロドルは下がっています。

❯ ドル円もユーロ円も上がったら？

　今度は、ドル円もユーロ円も上がった場合を考えてみます。上がった幅はドル円よりもユーロ円の方が大きかったとしましょう。

　3 つの通貨の上がり方の順序は、ユーロが一番大きく、次いでドル、そして最後に円となります。

　この場合、**ドル円は上昇しているものの、必ずしもドル高とはいえなくなります。**なぜならドルよりもユーロの方が上がっているからです。ただ円はドル、ユーロいずれに対しても下がっています。このため円安であるといえます。

ドル円、ユーロ円ともに上がったが、ユーロ円の方が上がった幅が大きい場合

	上がった幅の大きさ
ユーロ	1 番
ドル	2 番
円	3 番

さきほどと同じように、この関係についてもユーロドルから考えてみましょう。ユーロがドルよりも上がっているので、ユーロドルは上がっています。

　ただユーロドルの上がる幅は、ユーロ円に比べると小さいはずです。それは円の方がドルよりもユーロに対して大きく下げているからです。

為替の先行きには「時間軸」視点も大切

▶ 時間軸の中で動きを考えていく

　為替レートの今後の動き（先行き）を考える時には、「時間軸」を強く意識することが大事です。時間軸とは、為替レートの先行きを考える時に想定する期間のことです。

　たとえば今が4月1日だとし、4月2日（明日）までの為替レートの先行きを考えるとすれば、時間軸は1日となります。5月1日まで考えれば、時間軸は1カ月になりますし、来年の4月1日まで考えれば、時間軸は1年となります。

　時間軸を決めたら、その時間軸の中で為替レートがどのように動くかを考えます。時間軸を1年とし、現在120円のドル円は、1年後に130円になると考える、といったやり方です。

　為替の先行きをより詳しく考えるなら、時間軸をさらに細かくし、細かくした時間軸で為替レートがどのように動くかを考えるといいでしょう。

第 7 章
為替レートを予想する秘訣をおさえよう！

　たとえば、時間軸を 1 年とし、ドル円は 1 年後に 130 円になると考えたとします。次に細かい時間軸を半年とし、最初の半年後のドル円の先行きを考えます。最初の半年後のドル円は 126 円になるだろうと考えると、ドル円は 120 円→ 126 円→ 130 円と変わることになります。

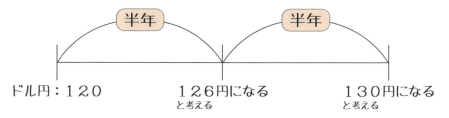

さらに詳しく考えるなら時間軸を 3 カ月ごとに分けて考えます。

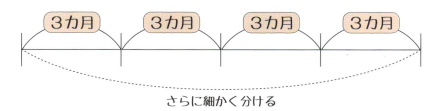

▶ 時間軸を決めるメリットは？

　時間軸を決めるメリットの 1 つは、自分が考えた先行きが現実のものとなりそうか、それとも難しそうかを直感的に確認できることです。

たとえば今のドル円が120円だとし、今後132円になるだろうと考えたとします。しかし自分の時間軸が1日だとすると、その考えが現実のものになるとは期待しにくくなります。

　通貨ペアによって違うとはいえ、為替レートが1日に動く割合はだいたい1％くらいです。ドル円が1日で120円から132円に動くということは、ドル円が1日で10％も動くことを意味するので、さすがにそれは難しいだろうと考えられます。

時間軸を決めることで、実際の為替レートが自分の考え通りに動いているか、それとも自分の考えとは違う方向に動いているかも簡単に確認できます。

　たとえば、今のドル円が120円で、時間軸を1年、1年後のドル円は130円になると考えたとします。3カ月が経ち、ドル円が125円くらいになったとすれば、実際の為替レートは自分の考え通りに動いていると判断できます。

　反対に3カ月後のドル円が115円に下がってしまったとすれば、実際の為替レートは自分の考えとは違う方向に動いたと言えます。

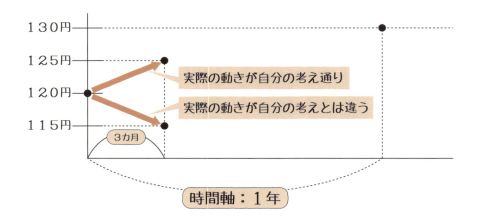

第 7 章
為替レートを予想する秘訣をおさえよう！

時間軸ごとの注目ポイント

　時間軸を決めると、自分が確認・注目すべき出来事やイベントが明確になります。

　仮に時間軸が 1 日であれば、これから 24 時間以内に発表される経済指標の発表時刻を確認することや、1 分足や 5 分足といった短い時間（足）のチャートを確認することが大事となります。

　時間軸が 1 カ月であれば、市場参加者が注目するテーマだけでなく、テーマに沿った材料がいつのタイミングで発表されるかを確認することが必要となります。

　時間軸が 1 年ともなれば、経済指標だけでなく、各国の財政政策や金融政策に変化が起きないかを考えるとともに、市場のテーマが変わる可能性も考えることになります。

　どういう時間軸を取るかは、為替レートの先行きを考える理由にもよります。たとえば、FX や外貨投資などで利益を得るために為替レートの先行きを考えるのであれば、利益を得たい期間と時間軸がある程度、同じものとなります。

　日本の輸出企業に勤めており、製品の売り上げ予測を立てるために為替レートの先行きを考えるのであれば、製品が売れる時期や代金が回収されるまでの期間と時間軸を揃える必要があります。

初めて為替レートの先行きを考える際には？

　為替レートの先行きを考えた経験がなく、時間軸を明確に決めることが難しいと思う人は、時間軸をとりあえず 1 年としておくといいでしょう。

　まずは 1 年後の為替レートの水準を考えるのです。その後に時間

軸を3カ月間に細かくして、3カ月後、半年後、9カ月後それぞれの為替レートを考えます。

そして、現在から1年後までの4つの為替レートの動きを考えてみましょう。

==この4つの動きを見て、「何か変だな？」と思ったら、自分なりに納得がいくまで4つの為替レートの動きを変えてみます。==そして3カ月が過ぎたら、実際の為替レートが自分の考えた通りに動いているのか、それとも違っているのかを確認します。

違っているのであれば、また1年後の為替レートの水準を考え、その後に3カ月後、半年後、9カ月後の為替レートの水準を考えます。こうした作業を何度か繰り返すうちに、為替レートの先行きを自分なりに考える姿勢が身に付くようになります。

5 人生にも為替にも必ず「山」「谷」がある

▶ 人生、経済、為替の意外な共通点

人が生きている間には、良いこともあれば悪いことも起きます。良いことはずっと続くわけではなく、いずれ終わりを迎えます。悪いことも同様です。

良いことも、悪いことも起きる……人生はこの繰り返しです。

何事にも上げ下げがある、という考え方は、経済学者やエコノミ

人生
山あり
谷あり…

第7章
為替レートを予想する秘訣をおさえよう！

ストといった経済の専門家が景気の先行きを考える時に応用されています。**経済は、活発になる時（好景気）と、衰える時（不景気）が交互にやってくることが過去の経験から知られています。**

そこで経済の専門家は、景気の先行きを考える時に、現在の経済活動が活発になっているのか、それとも衰えているのかを判断し、現在の状態が続くのか、それとも変わるのかを予想します。

こうしたことは為替レートにも言えます。**為替レートも、ずっと上がり続けることもなければ、下がり続けることもありません。**上がれば、いずれ下がり、下がれば、いずれ上がる、の繰り返しです。

❯ 落とし穴にはまらないための策

為替レートが上がったり下がったりするのは当たり前のことのように思われるかもしれません。

しかし、ＦＸなどでお金を運用していると、時としてこの当たり前のことを忘れてしまいがちです。ドルを買った後に、ドルがどんどん上がると、儲けもそれに応じて増えていきます。

ＦＸの場合、預けたお金よりも大きい金額（レバレッジ）で為替取引をすることができますので、場合によっては、ものすごい勢いで儲けが増えることもあります。

こうなると、人間というのは不思議なもので、自分を「為替取引の天才だ」というふうに思うようになり、また、いつまでも儲けが増え続けるかのように感じてしまいがちです。

しかし、たとえばドルがずっと上がり続けることはありません。いずれドルは上がらなくなり、反対に下がるようになります。場合によっては、以前に上がった分よりも大きく下がることすらあります。こうなると、ドルが上がったことで得た儲けがなくなり、逆に

165

損をすることになります。

　こうしたことを避けるためには、為替レートは上がる時もあれば下がる時もあるという当たり前のことを常に意識しておく必要があります。

　FXなどで自分のお金を運用する時には、儲けが出る前から、どれくらい儲けが出たら取引を終わりにするかをあらかじめ決めておくのです。また反対に損が出た時に備えて、どれくらい損をしたら取引を終わりにするかもあらかじめ決めておきます。

　この考え方は、為替レートの先行きを考える時にも使えます。つまり、為替レートの山（ヤマ）と谷（タニ）を意識することです。

　為替の山・谷とは、為替レートの動きを形にする時に使われる言葉です。山とは、上がっていた為替レートが下がる方向に変わった時の転換点を指します。反対に、谷とは、下がっていた為替レートが上がる方向に変わった時の転換点を指します。

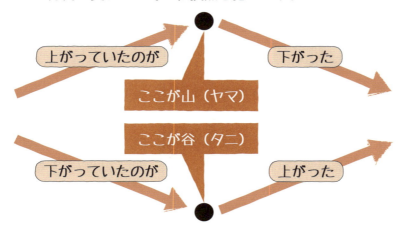

▶ 山・谷への意識は詳細な先行き予測につながる

　為替レートの先行きを考える時には、自分が決めた時間軸におい

第7章
為替レートを予想する秘訣をおさえよう！

て山・谷が生まれることがないかどうかを検討します。

　為替レートが、時間軸の中で、ずっと上がり続けたり、ずっと下がり続ける可能性はゼロではありません。しかし、**普通に考えれば、たとえどんなに短い時間軸でも、為替レートが一度も山・谷を付けずに同じ方向に動き続けるとは考えにくいものです。**

　そのため「次に山・谷が生まれるタイミングはいつなのか」を考えます。山・谷が1回だけでなく2回、3回生まれると思うこともあるかもしれません。特に時間軸が1年を超える長い期間の場合は、山・谷は1回だけでなく2回以上生まれるのが自然と思われます。

　為替レートの先行きの山・谷を考えると、外国為替市場で注目される材料を意識せざるを得なくなるというメリットが生まれます。

　為替レートの山・谷が生まれるには、なんらかの理由、つまり市場の材料が必要です。このため山・谷が生まれるか生まれないのかを検討するために、起こり得ると思われる出来事（イベント）や、発表される経済指標の結果を予想し、その予想に基づき外国為替市場がどのような反応を示すかを考えることになります。

　その結果、「山・谷は生まれない」と考えてもかまいませんし、「山・谷が生まれそう」だと考えられることもあるでしょう。**大事なことは、山・谷が生まれるか生まれないかを考えることで、市場の材料を意識することなのです。**これは、為替レートの先行きをより詳しく考えることにつながります。

ストラテジストの予想って本当に当たるの？

▶ エコノミスト、アナリストってどういう人？

　テレビ番組には、為替市場について解説したり、自分の考えや見通しを紹介する専門家がしばしば登場します。

　新聞や専門的な情報端末のニュース画面には、為替市場の動きについての専門家のコメントが載っています。こうしたコメントの多くは、記者が専門家のところに電話をし、その内容をまとめたものです。

　雑誌にも、為替に関する専門家の原稿が載っています。

　為替の専門家の肩書は、経済評論家、大学教授、銀行などに勤める為替ディーラー、などさまざまです。場合によっては、ＦＸで生計を立てている個人投資家が姿を現すこともあります。

　エコノミスト、アナリスト、ストラテジスト、というカタカナの肩書を持った人もよく登場します。

　エコノミストはもともと英語で経済学者、倹約家、経済専門家という意味です。エコノミストが話す内容は経済評論家と似た分野が多いですが、エコノミストは経済指標をもとに景気の現状や先行きについて説明することを得意としています。

　景気は為替レートの動きに大きな影響を与えます。景気の調査・分析に強いエコノミストが、外国為替市場や為替レートの先行きについて話をするのは自然の流れといえます。

　アナリストは、英語で分析家、評論家という意味です。景気を分

析するエコノミストもアナリストの1人と言えなくもありません。ただ**金融業界では慣習として、景気を専門とする人をエコノミスト、特定の業界や産業を専門とする人をアナリストとしています。**

自動車業界を専門とするアナリストを「自動車アナリスト」と呼ぶように、アナリストという肩書の前に専門とする業界・産業の名前を付けることもあります。エコノミストとの違いを目立たせるために、アナリストのことを「業界アナリスト」と言い換えることもあります。

為替市場は、特定の業界や産業の影響を強く受けるというよりも、景気のようにより幅広い分野の影響を受けるため、アナリストが為替について話をするのは不自然だという考えもあります。

ただ最近では、為替を1つの業界と見立て、為替を専門とするアナリストとして「為替アナリスト」という肩書も使われるようになっています。

ストラテジストってどういう人？

ストラテジストは、英語で戦略家、兵法家という意味です。**外国為替や株式、債券といったさまざまな金融資産でお金を運用するときに、どのような考え方（戦略）を使うべきかを考えるのがストラテジストの役割です。**

為替を専門とするストラテジストは、為替ストラテジスト、通貨ストラテジスト、と呼ばれます。

為替で運用するには、各国通貨の為替レートの先行きを考える必

要があります。そこで為替ストラテジストは、為替レートの先行きを考えるため、この本で説明した4つの項目を中心に為替レートに関する情報を集めたり、分析します。

ただし、こうした作業は、エコノミストや為替アナリストと同じです。このため、一般の人からすると、エコノミストもアナリストもストラテジストも同じような仕事と思われるのかもしれません。

==ストラテジストの目的は、外国為替について情報を集めたり、分析をすることではなく、為替レートの先行きを考えることです。==このためストラテジストは、エコノミストやアナリストよりも為替市場の動きに意識を集中しています。

また、ストラテジストは、ドル、円、ユーロだけでなく、豪ドル、カナダ・ドル、北欧通貨といった他先進国通貨のほか、韓国ウォンやブラジル・レアルといった新興国通貨など幅広い通貨を分析の対象とする傾向があります。

▶ 違う立場の視点をもらう大切さ

為替に関する専門家の仕事にどのような価値があるのか、についてはさまざまな考え方があります。

専門家の役割は、為替レートの先行きを的確に言い当てることだと考える人もいるでしょう。こうした人の中には、先行きについての見方が人によって大きく異なることを批判的に考える人もいます。

たとえば、1年後のドル円について、ある専門家は現在よりも上がると考えているのに、別の専門家は下がると考えている

のを知ると、「専門家はいい加減」と感じてしまうようです。

　私は、**専門家が為替レートの先行きを言い当てようとすることは、専門家の考えを端的に説明するための1つの方法でしかない**と考えています。

　為替レートの先行きを言い当てることを専門家の役割と考えるのなら、経済評論家やストラテジストよりも、占い師や宗教家から予言を頂戴したほうがいいかもしれません。

　為替に限らず、**金融資産について話をする専門家の役割は、話を聞く人に対し、その人と違う立場から為替市場（ひいては金融市場）の現状や将来についての見方を提供することです。**

　人間は誰しも万能ではなく、自分1人だけで4つの項目（実需、実需期待、政府・中銀、テクニカル）に関するすべての情報に目を通せるわけではありません。得られた情報から市場の材料をいつも的確に選び出せるわけではありませんし、材料に対する市場参加者の反応を正確に予想できるものでもありません。

　このため為替レートの先行きを考えるうえでは、必ず別の人の意見や考え方が必要となり、そこに専門家の役割があるように思えます。

自分とは違う考えを持つ専門家を参考にしよう

　専門家が話す内容は人によってさまざまです。同じタイミングでも、為替レートの値動きに対する解釈が違うこともありますし、市場が注目する材料の移り変わりや、為替レートの先行きについての見方がまったく違うこともあります。

　このため、どの専門家の話を参考にすればいいのか迷ってしまう場合があるかもしれません。

こういう場合、**自分と違う考えや見方を持つ専門家から情報を得るように心がけることをお勧めします。**

　さきほど説明したように、専門家の役割は、自分とは違う立場や考え方を提供することにあります。

　新聞、雑誌、ウェブサイトなどでさまざまな専門家の意見に目を通し、自分とは違う見方をする専門家を探してみてください。**その専門家が述べる内容をもう一度注意深く読んでみると、自分１人では気がつかなかった考え方や見方を知ることができ、為替レートの先行きをより多くの視点から考えることができるようになります。**

　反対にやってはいけないことは、自分と同じ見方や考え方をする専門家の意見だけを取り入れようとすることです。

　為替レートに限らず、先行きを考えることは常に不安が付きまといます。

　こうした時に自分と同じ意見を持つ人がいるのを知ると心が休まるのも事実です。自分と同じ見方や考え方をする専門家がいるのを知れば、自分の考えは間違っていない、と思うこともでき、嬉しくなってしまいます。

　しかし、専門家が必ず先行きを正確に言い当てるわけではなく、場合によっては先行きを大きく見誤ることもあります。こういう時に、**同じ意見の専門家だけを頼りにしていると、自分の考えが現実と違うことに気づきにくくなり、時間とともに現実と自分の考えに大きな違いが生まれることになります。**

　なお、一見難しそうに思える為替についてスラスラと話をする姿をみて、専門家は知的だ、頭がよいと感じる人もいるようです。しかし、これは（おそらく）間違いです。

　私も含め、為替の専門家の知的レベルは、他の人々より優れてい

るわけではありません。ごく普通の人です。

　どんな仕事でも同じですが、1つのことを長い期間続けていれば、その分野で他の人よりも詳しくなるのは自然のことです。為替の専門家が為替に詳しいのは、単にその仕事を長く続けているからでしょう。

　ゲームを長く続けていれば、他の人よりゲームに詳しく、上手にできるようになるのと同じことです。

第8章

各国の通貨の見方を知っておこう

1 米ドルの特徴を知っておこう

＞ ドルは世界で使われる決済通貨

米ドル（以下ドル）は、米国だけでなく、貿易や資本取引など国際的な取引でも使われる決済通貨として知られています。

第一次世界大戦までは、英ポンドが世界の決済通貨として使われていました。しかし、第一次大戦が終わる頃から米国の経済的地位が大きくなり、第二次大戦後は米国が圧倒的な経済規模を誇り、軍事的にも世界の指導的立場を確立します。

米国政府は、第二次大戦が終了する頃に各国と協議の上、ドルと金を一定の比率で交換することを約束し、ドルに対し各国通貨の交換比率を定める体制（世界各国が協議した場所にちなみ**「ブレトン・ウッズ体制」**と呼ばれています）を決めました。

この結果、第二次大戦後、各国は国際的な取引においてドルを使うことが自然となりました。

1971年に米国政府はドルと金の交換を停止し、1973年には世界の為替市場は固定相場制から変動相場制に変わりました。しかし米国は現在まで世界最大の経済規模を誇り、政治的、軍事的にも世界の指導的立場にあります。このため世界各国は、ドルを決済通貨として使い続けています。

国際決済銀行（BIS）の2013年の調査によれば、為替市場にお

けるドルの取引の割合は、全取引量の87％を占めています。

為替取引は2つの通貨が関係しますので、全取引量に占めるすべての通貨の割合は合計200％です。つまり、ドルは200％の取引のうち90％（半分）近くを占めていることになります。

ドルの次に取引量が多いユーロの取引割合は全取引量の33％ほどに過ぎません。ドルが世界全体でいかに多く取引されているかがよくわかります。

ドルは世界経済共通の物差しであり、貯金箱

ドルは世界の人々や企業が持っている経済的な価値、いわゆる「富」の基準にもなっています。

たとえば、金や銀といった貴金属のほか、農産物や工業原材料のように世界各国で取引されるモノの価格は、ほとんどがドルで表示されています。世界各国の経済規模や1人あたりの平均賃金を比べる時もドルが使われます。

世界各国の経済水準を比べる際に、1人あたりGDPが使われることがありますが、その単位は必ずと言っていいほどドルです。**ドルは世界経済の共通の物差しと言えます。**

ドルは世界の国、企業、人々が所有する「富」を保存する役割もあります。 そのわかりやすい例が外貨準備です。

外貨準備とは、各国の中央銀行や中央政府が保有している外貨のことです。外国からの借金を返済したり輸入代金を支払ったり、為替市場で介入するための資金として用意されていま

す。

　国際通貨基金（IMF）の調査によると、世界各国が保有する外貨準備の6割以上がドルです。これは、たいていの国がドルを受け取ってくれるからです。

　外国で起きたクーデターなどで、権力者が国外に逃げる際、ドルをアタッシェケースに入れて持ち出すシーンがマスコミで報じられることがあります。

　これも、蓄えた「富」を国外でも使えるようドルで保存した一例です。

　ドルは世界共通の貯金箱といってもいいでしょう。

　このようにドルは、国際的な取引での決済手段、富や価値の基準、そして富の保存、という3つの機能を有した非常に特別な通貨と言えます。

　このため ドルは世界の基軸通貨と呼ばれますし、世界経済はドル本位制と呼ばれることもあります。

米ドルの値動きを知っておこう

▶ ドルは他の通貨と逆の動きを促しやすい

　ドルの特徴の1つに、「ドルの値動きが、他通貨の逆の値動きを促す」点があります。つまり、**ドルが上がれば他通貨はほとんどが下がりやすくなり、逆にドルが下がれば他通貨はほとんどが上がりやすくなる傾向にある**ということです。

為替取引は2つの通貨の交換ですから、ある通貨が上がれば、もう1つの通貨は必ず下がります。

さきほど説明したように、ドルは為替市場で圧倒的な取引規模があるため、市場に与える影響が小さい通貨ほど、ドルの値動きの影響を受けてしまう、つまりドルと逆の動きをしてしまうことになります。

ドルは円に対して下がり続けている

ドルの為替レートは、長い目でみると、変動相場制に変わってから円に対してずっと下がっています。

たとえばドル円は、固定相場制の頃は1ドル＝360円でしたが、阪神・淡路大震災が発生した1995年や東日本大震災が発生した2011年には80円を割り込む水準までドル安が進んでいます。

その後、アベノミクスに対する期待感などからドル円は120円を超える水準まで上がりました。しかし、それでも固定相場制だった頃の水準（360円）から比べれば、ドルは円に対して3分の1くらいの価値に下がってしまったことになります。

ドルが円に対して長い間、下がっている理由はいくつかあります。1つは、米国の物価の上がり方が日本に比べ大きいことが挙げられます。

1970年から2014年までの物価の伸びを見ると、日本の物価は約3倍に上がったのに対し、米国は6倍も上がっています。

「同じモノであれば、どこの国でも同じ価格になるよう為替レートが動く」とする一物一価の法則を前提とすれば、「日本と米国との間で物価の上がり方が2倍違う」ことは、「ドルの価値が円に対して半分（円の価値がドルに対して2倍）になる」ことを意味します。

米国の貿易収支が赤字を続けてきた一方で、日本は東日本大震災が発生するまで貿易収支の黒字が続いてきたことも、ドルが円に対して下がってきた理由の1つと考えられます。

　米国の貿易収支は1970年代後半から赤字が定着し、リーマン・ショック直前の2006年には貿易赤字がGDPの5％を超える水準まで拡大しました。

　その後、景気悪化やシェールガス革命によって輸入が減ったため、米国の貿易赤字は小さくなりましたが、それでもGDPの2％以上の規模にあります。

　一方、日本の貿易収支は1965年から東日本大震災が起こる前の2010年まで一貫して黒字を続けてきました。

　すでに説明したように、貿易収支が赤字の国の通貨は、自国通貨を外貨に換える必要があることから下がりやすい傾向にあります。逆に、黒字の国の通貨は、外貨を自国通貨に換える必要から上がりやすい傾向にあります。

　つまり貿易収支の面からドルは下がりやすい一方で円は上がりやすい状況が続いていたため、ドルは円に対して長い間、下がってきたと考えることができます。

③ 日本円の特徴と値動きを知っておこう

▶ 円は外国の要因で動きやすい特徴がある

日本円（以下、円）は、ドル、ユーロに次いで為替市場で多く取

引される通貨です。国際決済銀行の
2013年の調査によれば、為替市場に
おける円の取引の割合は、全取引量の
23％となっています。

　ただ、円と取引される通貨の約8割はドルであり、ユーロなど他通貨との取引規模は大きくありません。このため、**ドル円の値動きをみておけば、円そのものの値動きもだいたい把握することができます。**

　円の値動きは、短期的には、日本特有の要因より、米国を中心とした外国の要因で動く傾向があります。

　2012年末に発足した第二次安倍内閣によるアベノミクスで円の値動きが大きく左右されたこともありましたが、こうしたケースは例外です。

▶ 円は金融緩和策により少しずつ下がってきた

　日本円は、長い目でみると、ゆっくりと少しずつ下がる（円安が進む）のに、何かが起きると短期間で一気に上がる（円高が進む）傾向にあります。

　これは日本が長い間、低金利政策を続けてきた一方で、世界一の債権国であることが理由として考えられます。

　日本の金融政策は、1990年代初頭にバブル経済が崩壊してから、これまでの間、ほぼ一貫して緩和的な姿勢が続いています。

　1999年にはいくつかの大手金融機関の破綻もあって、日本銀行は主要先進国の中では初めて、金利をゼロにするゼロ金利政策を始めました。

　その後、日本銀行は、ゼロ金利政策をいったん解除するなど、金

融緩和姿勢をやや後退させることもありました。しかし、米国での
ＩＴバブルの崩壊やリーマン・ショックなどからゼロ金利政策を再
開し、さらに国債などの金融資産を買い入れる量的金融緩和も実施
しています。

　この結果、日本の金利は過去にない水準に低下し、銀行の預金金
利はほぼゼロの状態が続いています。

　一方で、外国は日本より金利の高い国がほとんどです。日本の投
資家は、プロ・アマを問わず、より高い金利を求めて、外国の銀行
口座に預けたり、外国の債券を買う動きをジワジワと続けます。

　外国の銀行に預けたり、外国の債券を買うには、円を外貨に換え
る必要があります。このため、円はゆっくりと少しずつ下がる傾向
にあります。

▶ 円は金融緩和策により少しずつ下がってきた

　一方で、日本は低金利政策だけでなく、**世界一の債権国**の地位も
続けています。

　債権国とは外国に投資をしたり、貸したりしているお金の額（対
外資産）が、外国から受け入れている投資や借りているお金の額（対
外負債）よりも多い国のことです。逆に対外負債が対外資産を上回っ
ている国は債務国といいます。

　日本は、2014年末時点で、対外資産から対外負債を差し引いた
額（対外純資産）が366兆円と、2位の中国（214兆円）を大き
く引き離して世界一の地位にあります。

　日本の対外純資産が大きいということは、外国に戻る可能性のあ
る円建ての資産よりも、外国から日本に戻る外貨建て資産の方が大
きいことを意味します。つまり、**実際にそうなるかは定かではない**

ものの、外貨が売られ円が買われるのを待っている資産が大きいと解釈できます。

外貨建て資産が円に換えられるのはどんな時？

日本が外国に置いている外貨建て資産が、円に換えられるのはどういった時でしょうか。

1つは、**日本でお金が必要となった時です。** わかりやすい例が、阪神・淡路大震災や東日本大震災などの大規模な自然災害が発生した時です。そうした自然災害が発生したことで、建物や道路といった社会インフラが破壊されました。

外貨→¥！

破壊されたインフラを復旧するには多額の資金が必要ですので、外国に置いてある外貨建ての資産が取り崩され、円に換えられて日本に戻るだろうという連想が働きます。現に、阪神・淡路大震災や東日本大震災が発生した後、円は対ドルを中心に大きく上昇しました。

世界各国の景気が同時に悪くなる時も、外貨建て資産が円に換えられるとの思惑が働きやすくなります。

世界各国の景気が悪くなることで、海外の株式や債券も下落しやすくなります。このため日本の投資家は、海外に置いていた外貨建て資産を円に換え、日本に避難させるだろうと連想することができます。

米大手証券リーマン・ブラザーズが破綻したことで世界経済が大きく混乱した2008年に、ドル円が110円から90円を下回る水準

まで一気に下落したことは、その一例といえるでしょう。

　日本では低金利政策が続けられていることから、日本のお金が高い金利を求めて、ゆっくりと少しずつ海外に動き、円安も同じようにゆっくりと少しずつ進む傾向にあります。

　しかし、**地震や世界的な景気悪化といった予期せぬアクシデントが起きると、日本の投資家は外国に置いておいたお金を日本に戻す動きを強めようとしますし、日本にお金が戻るだろうとの思惑も強まりやすくなります。**

　結果として円は外貨に対し一気に上昇します。つまり円高が短期間で一気に進むのです。

ユーロの特徴と値動きを知っておこう

▶ ドルと同じくらいの存在感を示すユーロ

　ユーロはドルに次いで為替市場で多く取引される通貨です。国際決済銀行の 2013 年の調査によれば、為替市場におけるユーロの取引の割合は、全取引量の 33％です。

　2015 年 7 月現在、ユーロを法定通貨として採用している国は、ドイツ、フランス、イタリア、スペイン、オランダ、ポルトガルなど欧州連合（EU）に加盟する 28 カ国中 19 カ国です。

　ユーロを採用している国と経済的な結びつきの強い欧州諸国や、

第8章
各国の通貨の見方を知っておこう

近隣の中東諸国、アフリカ諸国でもユーロを法定通貨として採用している国がいくつかあります。

このため、ユーロが使える各国の人口は、3億人強の米国を超えており、ユーロはドルと同じくらいの存在感があるともいえます。

ブルガリアやルーマニアなど、後からEUに加盟した国々はユーロを導入する意向を示しています。

ユーロを導入するには条件がある

ユーロを導入するためには、国として次のような経済的な基準を満たすことが求められています。

・財政赤字をGDPの3％以内に抑える
・累積債務残高をGDPの60％以内に抑える
・物価上昇率（インフレ率）をインフレ率が最も低い3カ国の平均よりも1.5％以上高くならないようにする
・長期金利をインフレ率が最も低い3カ国の平均よりも2％以上高くならないようにする
・現在使っている通貨のユーロに対する動き（変動）を2年間、15％以内に抑える

こうした基準は、「ユーロという同じ通貨を使うためには、各国のファンダメンタルズ（経済の基礎的条件）をある程度、そろえておく必要がある」という考えに基づいています。

ただ、現在の基準は、過去に社会主義的な経済運営をしていた国ほど実施することが難しいのが実情です。そのため、**ユーロを新たに導入する国は、今後は一気に増えるのではなく、少しずつ増えて**

いくことになると思われます。

　ユーロを導入する国の金融政策は、欧州中央銀行（ECB）が担当します。ECBは政策理事会で金利や市場介入などを決定します。理事会は、ECBの総裁、副総裁、4人の理事、ユーロ圏各国の中央銀行の総裁で構成されます。

　ユーロは、使われる国の経済規模が大きいことから、ドルの代わりとなる通貨（代替通貨と呼ばれます）になり得るとの見方もあります。

　また外貨準備の6割がドル建て資産となっていることから、バランスをとるためにユーロを一定比率買い入れる国も多くあります。

❯ ECBに左右されるユーロ

　ユーロはドルのように1つの国（ドルの場合は米国）で発行・使用されているのではなく、ECBという19カ国共通の組織が発行し、各国それぞれで使用されています。

　このため、**市場関係者は、ユーロ圏全体でみた4つの要因（貿易、景気、物価、金融政策）に注目します。**

　とくにECBによる金融政策は、ユーロの値動きに大きな影響を及ぼす傾向が強く、ECBの総裁や副総裁、理事といった高官の発言や、ドイツやフランスなどユーロ圏主要国の中央銀行総裁の発言は、為替市場で大きく注目されます。

❯ ユーロの値動きはドイツ景気もカギになる

　ユーロの値動きは、ユーロ圏全体だけでなく、ドイツという1つの国の景気に左右されることもあります。ドイツのGDPは、ユーロ圏全合計の約3割を占めるほどの大きさで、ユーロ圏景気の主役

とみなされています。

　為替市場に限らず金融市場も、ドイツ景気が良くなれば、ユーロ圏全体の景気も良くなり、逆にドイツ景気が悪くなれば、ユーロ圏景気も悪くなるとの思惑が強まる傾向にあります。

　こうしたことから、ユーロの値動きは、ドイツ景気に関する経済指標の影響を受けることもあります。とくにドイツ景気の現状や先行きを示すとされる IFO 企業景況感指数と ZEW 景況感指数というドイツの2つの景況感調査の結果は、ユーロを大きく動かすことが多々あります。

　時によっては、ユーロ圏全体やドイツではなく、日本に住む人にとっては馴染みの薄い、経済規模の小さな国の動向にユーロが大きく左右されることもあります。

　2010 年に、ギリシャの債務問題の表面化をきっかけに、ギリシャだけでなく、アイルランド、ポルトガルといった競争力の弱い国の財政事情が大きく懸念され、ユーロが売られることがありました。

　このときは、2011 年にはＥＵと国際通貨基金（IMF）による救済で、ギリシャ、アイルランド、ポルトガルの資金不安が後退しました。

　しかし、その後も比較的経済規模の大きいイタリアやスペインでも財政事情が大きく懸念され、イタリアやスペインの経済指標に一喜一憂する形でユーロが大きく上下に動くこともありました。

　2015 年には、ギリシャの債務問題が再び注目されました。ギリシャでは緊縮財政に反対する急進左派陣営が1月の総選挙で勝利。新政府は EU に債務の一部免除などを要請しましたが、協議は紛糾。7月に行われたギリシャの国民投票は EU が求めた緊縮策を拒む結果となり、ギリシャがユーロ圏から離脱するとの見方も出て、ユー

ロは不安定な動きになりました。

5 英ポンドの特徴と値動きを知っておこう

▶ 別名の多い、歴史ある英ポンド

英国(イギリス)の通貨、英ポンド（ポンド）は、第一次世界大戦が終わるころまで世界の基軸通貨として世界各国で取引されていました。

その後は基軸通貨の座をドルに明け渡し、現在ではドル、ユーロ、円に次いで4番目に多く取引される通貨となっています。

人によっては、ポンドのことを、スターリング、ケーブル、クイッドと呼ぶこともあります。

スターリングはそもそも銀の価値を示す単位の名前ですが、英国が銀貨を発行していたときの名残としてポンドのことをスターリングと呼ぶことがあります。

ケーブルは電線のことです。1800年代中頃より、ポンドとドルの為替取引で、大西洋を横断する海底電線を使っていたことから、ポンドのことをケーブルと呼ぶようになったと言われています。

クイッドとは、1ポンドを意味する言葉です。少額のポンドの取引をするときに、少額であることを強調するために、ポンドではなく、あえてクイッドを使うことがあります。

第8章
各国の通貨の見方を知っておこう

英国がユーロを導入しない理由

　英国はドイツやフランスといったユーロ圏主要国と地理的にも近く、1973年には欧州連合（EU）に加盟しています。しかし、それにもかかわらず、**英国は共通通貨であるユーロを導入せず、ポンドを使い続けています。**

　英国がユーロを導入しない理由は、いくつか考えられます。

　1つは、英国がユーロを導入するための条件を満たしていないことです。

　英国がユーロを導入するためには財政赤字や累積債務残高を減らす必要がありますが、そのためには英国政府がこれまで支払ってきたお金を減らしたり、税金を上げる（増税する）必要があります。

　こうした政策（緊縮財政策）は、英国に限らず国民にとって人気のないものです。英国民がユーロを導入する意向を強く持たない限り、英国政府はユーロ導入に前向きになりにくいのです。

　英国が独自の金融政策を手放したくないという理由も考えられます。 英国でユーロが導入されると、金融政策は英国の中央銀行（イングランド銀行）ではなくECBが担当することになります。

　ECBの金融政策は英国だけではなくドイツやフランスなどユーロ圏に所属する数多くの国の代表によって決められます。

　イングランド銀行は長い歴史を持つ銀行であるうえ、英国は過去に世界の覇権国の1つでもありました。金融政策を含むさまざまな政策を自らの意思で運営をすることを自負する傾向が強くあります。このため、自らの意思を放棄する形を強いられるユーロの導入に消極的な姿勢が強く残っています。

ポンドは投機取引が多く、値動きが大きい

　ポンドの値動きは、他通貨に比べ大きい傾向にあります。ポンドの取引量は、ドル、ユーロ、円に次ぐ第4位の地位にありますが、全体（200％）の11.8％しかありません。
　このためドルなど他3通貨に比べ、取引相手を見つけることが難しく、取引のためには、買う時は高めの水準、売る時は低めの水準を提示する必要があります。
　ポンドは、英国の通貨ということもあり、ロンドン市場で活発に取引されます。
　ロンドン市場は他市場に比べ投機取引の割合が高いと言われており、ポンドはドルなどに比べ投機取引が多いとされています。
　投機取引の場合、市場参加者の思惑が一致すると、誰もが同じ取引をするため、レートが一方向に動きやすくなります。
　ポンドは1単位あたりの数値が大きいため、同じ割合でレートが変わっても大きく動いたように見えます。それもポンドの値動きが大きいとの印象を与えているのかもしれません。
　たとえば2014年末時点のポンド、ユーロ、豪ドルの対円でのレートを見てみましょう。ご覧のように、ポンド円の値が一番大きく、次いでユーロ円、豪ドル円の順になっています。このため、たとえ3つのレートが同じように1％動いたとしても、変化する大きさ（幅）もポンド円が一番大きいことになります。

第8章
各国の通貨の見方を知っておこう

	対円でのレート（値）	1%動いた時の変化幅（値幅）
ポンド	186.4	1.9
ユーロ	146.2	1.5
豪ドル	97.4	1.0

ポンドは原油価格との連動性も強い

ポンドは原油価格との連動性も強い傾向にあります。

　英国は北海に広がる油田のいくつかを持っていて、ＥＵ加盟国の中で原油生産量と輸出量がもっとも大きい国です。このため原油価格が上がると、英国景気も良くなるだろうとの見方が強まり、ポンドも買われる傾向が強まります。逆に原油価格が下がると、ポンドは売られやすくなります。

　また**原油を多く生産する中東の産油国は、原油販売で得たお金をロンドン市場でポンドに換えて資産運用する傾向にあります。**このため原油価格が上がると、中東の産油国の資産運用が活発になるとの連想が働き、ポンドも買われやすくなります。

　一方、**ポンドはスコットランドや北アイルランドでの独立運動を理由に大きく売られることがあります。**

　スコットランドや北アイルランドが英国から独立してしまうと、英国の経済規模が大幅に小さくなり、英国景気の悪化が心配されるからです。

　2015年現在、英国はイングランド、ウェールズ、スコットランド、北アイルランドの４つの国で構成されていますが、過去には４つの

国々がそれぞれ独立国家として存在していたこともありました。

　スコットランドや北アイルランドでは、英国からの独立を目指す運動が続いています。

　たとえばスコットランド行政府は、2012年10月に英国からの独立を問う住民投票を実施することを決め、2014年9月に住民投票を実施しました。

　結局、住民投票では独立反対票が過半数を占め、スコットランドの独立は否決されましたが、住民投票前の事前調査では、独立賛成派が一時、過半数を占め、スコットランドが独立するとの見方が強まりました。

　この時、為替市場では、スコットランドの独立によって英国の経済システムが混乱し、英国景気が大きく悪化するとの懸念からポンドは大きく下げました。

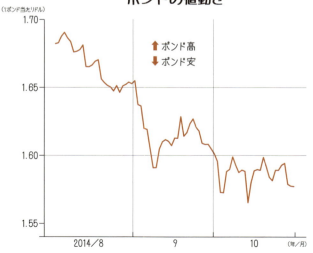

スコットランド独立を問う住民投票をめぐるポンドの値動き

第8章 各国の通貨の見方を知っておこう

豪ドルの特徴と値動きを知っておこう

▶ 存在感を増すオージー

　豪ドル（オーストラリア・ドル）は、米ドルと区別するため、為替市場では「オージー」と呼ばれます。オージーとは、英語で「オーストラリアの」とか「オーストラリア人の」という意味の言葉です。

　豪ドルの取引量は、ドル、ユーロ、円、ポンドに次ぐ第5位の位置にあります。豪ドルの取引量は、ポンドに比べればまだまだ少ないですが、ポンドの取引シェアが低下する一方で、豪ドルのシェアは高くなるなど、**為替市場における豪ドルの存在感は徐々に増しています。**

　オーストラリアは、S&Pやムーディーズといった格付け機関からAAA（トリプルエー）という最高水準の格付けを与えられている先進国の1つです。また、日本や米国に比べ金利水準が高い傾向にあります。このため、**高い金利収入を期待する日本の個人投資家から人気を集めています。**

▶ 天然資源の価格と連動しやすい

　オーストラリアは豊富な天然資源に恵まれています。オーストラリアの輸出を品目別にみると、全体の6割以上が鉄鉱石、石炭、原油、液化天然ガスといった鉱物・燃料で占められています。宝飾品用の金や小麦、牛肉なども含めると、天然資源と農作物が輸出全体の8割くらいです。

輸出の多くが天然資源ということもあって、豪ドルは天然資源の価格と強く連動する傾向があります。

　特に鉄鉱石は、輸出の２割くらいを占める重要な資源であるため、豪ドルは鉄鉱石価格の動きと連動することが多々あります。

　鉄鉱石を始めとする天然資源の価格が上がるとオーストラリアの輸出が増え、豪ドルの需要が強まると予想されるため、豪ドルが上がりやすくなります。逆に天然資源の価格が下がれば、豪ドルも下がりやすくなります。

▶ アジア各国の景気にも左右されやすい

　また、オーストラリアの輸出を地域別にみると、中国が輸出全体の３割、次いで日本が２割を占めています。韓国やインドといったアジア諸国も含めると、オーストラリアの輸出の８割くらいは日本を含めたアジアです。

　このため、**オーストラリアの輸出は中国を始めとするアジア各国の景気にも左右され、豪ドルにも影響を及ぼします。**

　特に、中国の景気が良くなるとの見方が強まれば、オーストラリアの輸出も増えるだろうと期待できますので、豪ドルが上がりやすくなります。逆に中国の景気が悪くなるとの見方が強まると、豪ドルは下がりやすくなります。

　日本の景気の行方も豪ドルに大きく影響します。日本の景気が良くなれば、オーストラリアからの輸出が増えると予想されるため、豪ドルが買われやすくなります。

　また日本の景気が良くなると、個人投資家を中心に日本の投資家がリスクが高いとされる海外への投資を増やすと言われています。日本の投資家の人気が高い豪ドルは、日本の景気拡大とともに上が

る傾向が強まります。

▶ 金利によって投資家が動く

　オーストラリアは、他先進国に比べ金利水準が高いこともあり、高めの金利収入を期待して豪ドルが買われる傾向にあります。

　このため、**オーストラリアの金利が変わると、豪ドルの需要も大きく変わることがよくあります。**

　オーストラリアの中央銀行（豪中銀）が政策金利を上げると、高めの金利収入を求める投資家が増えるとの見方から、豪ドルは上がる傾向にあります。逆に豪中銀が政策金利を下げると、豪ドルは下がりやすくなります。

付録

経済指標って何だろう？

経済指標の基本を知っておこう

▶ 経済活動を数値化して表したのが経済指標

　為替レートは通貨の需要の強弱で変わり、通貨の需要は日々の経済活動によって変わります。為替レートの先行きを考えるためには、経済活動の様子を調べることが大切です。

　経済活動の様子を調べる方法は無数にあります。

　デパートやスーパーといった小売店に出かけ、販売されているモノやサービスの売れ行きや価格を知ることができます。銀行に行けば、普通預金や定期預金の金利がわかります。企業経営者と話をすることで、企業の収益が増えているのか、それとも減っているのかなどを教えてもらうこともできるでしょう。

　とはいえ、小売店や銀行などに出向くのは手間がかかります。ましてや、自分が住む国ではなく、世界各国を見て回ろうとするのでは大変です。

　そこで世界各国の経済状況を網羅的に効率よく教えてくれるのが経済指標です。

　経済指標とは、各国の政府や公的機関が発表するもので、経済活動を示すさまざまな項目について数値化したものです。

　イメージとしては、病院にある体重計や血圧計、心電図みたいなものと同じ。経済に関する状態を数字で示してくれるもの、と考えればいいでしょう。

　経済指標は、現在の数値だけでなく、過去の数値も残っています

付録
経済指標って何だろう？

ので、**過去から現在にかけての経済状況の変化も知ることができます。**主要な経済指標の変化は、新聞やインターネットのニュースサイトで取り上げられることもあります。

> **POINT**
>
> 経済指標 ▶ 経済活動を示すさまざまな項目について数値化したもの

❯ 経済指標からわかること

経済指標を使うメリットの1つは、感覚ではなく、数値で経済状況を客観的に判断できることです。

数値データからは、「現在の水準」だけでなく、過去の水準と比べて改善しているのか悪化しているのかといった「方向感」や、「変化の大きさ」を知ることもできます。

また経済指標の多くは、政府や公的機関で作成・公表されているため、調査が公平かつ公正に実施され、結果の正確性が高いと考えられます。

経済指標には、GDPのように景気全体を対象としたもののほかに、物価、生産活動、貿易、マインド（経済状況に対する人々の感覚）など数多くの項目があります。

ただし、**為替取引のために経済指標を利用する場合、経済指標のすべてに目を通す必要はありません。個人投資家であれば、まずは10項目程度で十分です。**

経済指標に慣れていない人は、本書で紹介する項目にまず集中し、徐々にカバーする指標の数を増やしていけばよいでしょう。

経済指標をみるための4つの知識

▶ 経済指標からわかること

経済指標を読むには❶前年比、❷季調値、❸実質値、❹市場予想という4つの言葉を知っておく必要があります。

いずれも一般生活で目にすることは少ないので、難しそうに思えるかもしれません。しかし、この4つの意味を知っていれば、経済指標という非常に便利なものを自分の武器として使うことができるようになります。

▶ 経済指標をみるための知識❶前年比

「前年比」は、文字通り「前」の「年」の同じ時期を「比べた」数値です。

たとえば「2014年のスマホの売り上げが前年比50％増」とあれば、2014年のスマホの売り上げが前の年（2013年）に比べて50％増えたことを意味します。「2014年10月のコートの売り上げは前年比10％増」とあれば、2014年10月のコートの売り上げが、前の年（2013年）の10月に比べ10％増えたことになります。

前年比は、前の年の同じ時期を比べるため、季節の違いを気にする必要がないというメリットがあります。

「前月比」という言葉もあります。前月比は比べる基準が前の「年」ではなく、前の「月」という意味です。

たとえば「7月のスマホの売上高は前月比5％減」とあれば、7

付録
経済指標って何だろう？

月のスマホの売り上げが、前の月（6月）に比べて5％減ったという意味です。

　同じように**「前期比」という言葉もあります。ここでいう「期」とは四半期（3カ月間）のことです。**「4－6月期の日本のGDPは前期比1％増」とあれば、4－6月期の日本のGDPが前の期（1－3月期）に比べて1％増えたことを意味します。

　前年比は、経済指標でよく使われる言葉です。前年比がプラスかマイナスかをみるだけで、対象とする経済活動が前の年に比べ増えたのか減ったのかがすぐにわかるからです。

　また、前年比の値の大きさをみれば、前の年に比べてどの程度増えたのか、もしくは減ったのかもわかります。

▶ 経済指標をみるための知識❷季調値

「季調値」は「季節調整値」を省略した言葉です。

　経済活動は季節の移り変わりによって大きく変わることがあります。たとえば、夏の暑い日はビールがよく売れる一方で、冬の寒い日は温かいコーヒーがよく売れそうです。つまり**季調値とは、経済指標の結果から、こうした季節の変化による影響（季節変動）を取り除き、データを経済の実勢に近づけた形で利用できるように調整した値のことです。**

　なお、**季節変動を取り除かない、そのままの値は「原数値」と呼ばれます。**

　季節変動とは、暑い・寒いといった天候、決算期などの取引慣行、お正月やクリスマスといった社会的なイベントによって、毎年ほぼ同じように観察される規則的な動きを意味します。

　たとえば、チョコレートの売上高を考えてみましょう。

201

ご存知の通り、チョコレートの売上高がもっとも大きくなるのはバレンタインデーがある2月です。そのため、チョコレートの売上高は1～2月にかけての前月比が非常に大きくなる一方、3月の前月比が大きく減少してしまいます。

これでは、チョコレートの売上高が趨勢的に伸びているのか落ち込んでいるのかを判断することができません。

この場合、チョコレートの売上高に対し、いくつかの統計的手法を使うことで季節変動を取り除き、季調値を確認することが有効となります。

なお経済指標の多くは、季調値もあわせて公表されるため、自分で統計的手法から季調値を作成する必要はありません。

また経済指標の前月比は、経済実勢に近い結果を得るために原数値ではなく季調値から計算されます。

▶ 経済指標をみるための知識❸実質値

経済指標のうち、企業の売上高や輸出額などは、「名目値」と「実質値」という2つの数値があります。

名目値は、実際に取引された数値そのものです。実際の生活の場で目にする値と考えてもいいでしょう。たとえば、企業売上高1兆円、輸出額50兆円、GDP500兆円、といった指標はすべて名目値です。

一方、実質値は、モノやサービスの価格の変化の影響を取り除いたものです。

実質値の例としてガソリン代について考えてみましょう。

一般的な車には、ガソリンが50リットルくらい入ります。仮に1リットル＝100円とすると、ガソリン代は5,000円です。

付録
経済指標って何だろう？

　ある日、いつものようにガソリンを満タンにした（50リットル入れた）ところ、ガソリン代が5,000円ではなく6,000円になっていました。この日のガソリン価格が1リットル＝100円ではなく120円に上がっていたのです。

　この場合、ガソリン代の名目値は6,000円となります。名目値は実際にガソリンを買った金額そのものだからです。

　しかし実質値の場合は、ガソリン代は5,000円のままです。なぜならガソリン代が5,000円から6,000円に変わったのは、ガソリン価格が1リットル＝120円に上がってしまったからで、他の条件（買ったガソリンの量＝50リットル）に変わりはないからです。

　ガソリン代の例について整理すると、

ある日の名目値：6,000円
ある日の実質値：5,000円（＝6,000円÷（120円÷100円））

となります。

　実質値は、金額ではなく量や数の考え方（ガソリン代の例の場合は買ったガソリンの量50リットル）に近いものといえます。

　経済指標では、種類によって、名目値ではなく実質値が重視されることがあります。代表例がGDPです。「実質GDP」という言葉を耳にされた方も多いかと思います。

　実質値が重視される一番の理由は、単に物価が上がっただけなのに経済活動が増えた、もしくは単に物価が下がっただけなのに経済活動が停滞した、かのように錯覚することを防ぐためです。

　先ほどのガソリン代の例でいうと、名目値でみるとガソリン代が上がったわけですから、ガソリンの消費量も増えたかのように思え

ます。

　しかしガソリン代が上がったのは、ガソリン価格が上昇したからで、ガソリンの消費量は 50 リットルで変わりはありません。

❯ 経済指標をみるための知識❹市場予想

　経済指標の多くは、発表される日時があらかじめ決められています。そこで、銀行や証券会社などに所属しているエコノミストやアナリストは、経済指標が発表される前に、関連データなどから経済指標の結果を予測しています。

　ブルームバーグやトムソン・ロイターなど、金融市場に関するニュースやデータを提供する情報会社は、エコノミストなどから示された経済指標の予測値を取りまとめ、平均値や最頻値（最も多い回答の値）を公表しています。

　市場関係者は、こうした予測値を市場予想と呼んでいます。

　つまり、市場予想は、経済指標の専門家とされるエコノミストなどが示した予測を取りまとめたものです。市場関係者が想定する結果と解釈することもできます。

　ただし、市場予想はあくまでも予想です。実際に発表された経済指標の結果を必ず言い当てるわけではありません。

　むしろ実際の結果は市場予想と違うことも多く、場合によっては大きく異なることもあります。たとえば、市場予想ではプラス10％とされていたのに、実際の結果はマイナス 20％だった、ということも時々あります。

　為替など金融市場で取引をする市場参加者の中には、市場予想を参考に取引をする人もいます。

　このため、市場予想と実際の結果が大きく異なると、市場予想に

付録
経済指標って何だろう？

基づいた取引を解消する動きが強まります。指標の発表後に、結果として為替レートが大きく動くことがあります。

　こうした現象を**サプライズ**といいます。サプライズとは英語で「驚き」という意味です。予想とは違った結果が出たため、市場関係者が「驚き」、為替レートが「驚いた」かのように大きく動いた様子を示した言葉と言えます。

　実際の結果が市場予想よりも大きく良かった場合は、「ポジティブ・サプライズ」といいます。「ポジティブ」は英語で「前向きな」とか「楽観的な」という意味です。

　逆に実際の結果が市場予想よりも大きく悪かった場合は、「ネガティブ・サプライズ」といいます。「ネガティブ」は英語で「後ろ向きな」とか「悲観的な」という意味です。

おわりに

　この本では、通貨の需給動向を動かす要因として4つの項目を紹介し、それぞれの項目が他の項目に影響しながら需給動向を変えることを説明しました。こうした考え方は、経済学の教科書や、一般の方を対象とした為替に関する書籍には書かれておらず、私が独自に考えたものです。ただ私自身は、この本に書いたことが、それほどユニークなものだとは思っていません。というのも、この本でご紹介した考え方は、私が20年近く続けてきたマクロ経済の調査・分析で使う方法論を為替に応用しただけだからです。

　マクロ経済は、物価、金利、消費、投資、貿易などさまざまな要素で成り立っています。大学や研究機関などでは、それぞれの要素を専門的に研究する方もいらっしゃいますが、ある1つの要素だけ詳しくても、他の要素に不案内ではマクロ経済を的確に語ることができません。マクロ経済の調査・分析のためにはさまざまな要素を網羅的に把握する必要があります。

　また、それぞれの要素は無関係に動くのではなく、他の要素に影響を及ぼし、マクロ経済全体が思わぬ動きをすることも珍しくありません。消費税率が5％から8％に上がった途端、アベノミクスと言われた景気拡大が止まってしまい、日本景気が一時停滞したのはわかりやすい例です。このようにマクロ経済を分析する際には、それぞれの要素の動きを把握するだけでなく、それぞれの要素の関係を頭に入れ、全体でどのような動きをするかをイメージすることも求められます。

　世の中にはさまざまな仕事がありますが、いろいろなものに目配りしながら、それぞれの関係をイメージし、全体を俯瞰するという

仕事は、そうそう多くありません。だからこそ私は、マクロ経済の調査・分析、そして、数多く存在する金融資産の中でも、より多くの材料の影響を受けると言われている為替の先行きを考える仕事を楽しみながら続けてきたのだと思います。

この本を出版するにあたり大変多くの方のご支援ご協力をいただきました。

ブラウン・ブラザーズ・ハリマン・インベストメント・サービス株式会社の代表取締役・永久幸範氏には、この本を出版することを快く了解いただきました。また同社外国為替部長・加藤範之氏ならびに同部の同僚には日々の業務で多忙を極める中、マイペースに過ごす私を温かく見守っていただきました。私がこの本を出版することができたのも、ブラウン・ブラザーズ・ハリマン一同のご理解のおかげと感謝しております。

ロイター通信・日本ニュースサイト副編集長・麻生祐司氏には、自分の考えを本として紹介したいという私の思いを受け止めていただき、この本の出版のきっかけを作っていただきました。本当にありがとうございます。

東洋経済新報社・出版局書籍編集部の伊東桃子氏と中村実氏には、筆の進みが遅い私に対し辛抱強く対応いただきました。

そして最後に、元気な声と笑顔で、私の頭の中から為替に関することを瞬時に忘れさせてくれる幸陽と智朗の2人に感謝したいと思います。

2015年7月

村田　雅志

【著者紹介】
村田雅志（むらた　まさし）
ブラウン・ブラザーズ・ハリマン通貨ストラテジスト、CFA。
三和総合研究所（現・三菱 UFJ リサーチ&コンサルティング）にてエコノミスト、GCI キャピタルにてチーフ・エコノミストとして活動後、2010 年から現職。ドル、円だけでなく新興国通貨も含めた数多くの為替レートの見通しを国内外の機関投資家に提供。幅広い視点でのロジカルな分析で国内外から高い評価を得ている。東京工業大学卒、コロンビア大学修士、政策研究大学院大学博士課程単位取得退学。

名門外資系アナリストが実践している為替のルール

2015 年 8 月 20 日発行

著　　者——村田雅志
発行者——山縣裕一郎
発行所——東洋経済新報社
　　　　　〒103-8345　東京都中央区日本橋本石町 1-2-1
　　　　　電話＝東洋経済コールセンター　03(5605)7021
　　　　　http://toyokeizai.net/
装　　丁⋯⋯⋯冨澤　崇（EBranch）
ＤＴＰ⋯⋯⋯アスラン編集スタジオ
イラスト⋯⋯⋯吉村　雪
印刷・製本⋯⋯丸井工文社
編集担当⋯⋯⋯伊東桃子／中村　実
©2015 Murata Masashi　　Printed in Japan　　ISBN 978-4-492-68139-8
　本書のコピー、スキャン、デジタル化等の無断複製は、著作権法上での例外である私的利用を除き禁じられています。本書を代行業者等の第三者に依頼してコピー、スキャンやデジタル化することは、たとえ個人や家庭内での利用であっても一切認められておりません。
　落丁・乱丁本はお取替えいたします。